選堂書札

致曾憲通

曾憲通 編

中西書局

圖書在版編目（CIP）數據

選堂書札：致曾憲通/曾憲通編. -- 上海：中西書局，2019
ISBN 978-7-5475-1608-9

Ⅰ. ①選… Ⅱ. ①曾… Ⅲ. ①漢字-古文字學-文集
Ⅳ. ①H121-53

中國版本圖書館CIP數據核字(2019)第150833號

選堂書札（致曾憲通）

曾憲通 編

責任編輯 徐 衍
裝幀設計 梁業禮

出版發行 上海世紀出版集團
中西書局 (www.zxpress.com.cn)
地 址 上海市陝西北路457號(200040)
印 刷 上海麗佳製版印刷有限公司
開 本 787×1092毫米 1/16
印 張 13.75
版 次 2019年10月第1版 2019年10月第1次印刷
書 號 ISBN 978-7-5475-1608-9/H·097
定 價 160.00元

選堂先生與鄭昌政（右二）、曾憲通（右一）在洛陽奉先寺
1980年10月

選堂先生與曾憲通在揚州石濤故居

1980年10月

選堂先生與張昕（左二）、曾憲通（左一）在無錫博物館

1980年10月

選堂先生爲曾憲通在曲阜孔府“魯壁”留影

1980年11月

選堂先生與姚孝遂（右一）、趙誠（右二）及曾憲通（左一）
在香港中文大學中國文化研究所
1983年10月

選堂先生與曾憲通在潮州開元寺考察唐代經幢

1995年11月

選堂先生與曾憲通（左一）、許禮平（右二）、張連航（右一）
在香港跑馬地饒公寓所
2004年6月2日

前言

最近，中西書局陸續出版了劉鶚、劉體智、饒宗頤等名家的日記、書札，書局知道我手頭保存有饒宗頤先生寫給我的一批書簡，希望能列入出版計劃。本人聞之不勝忭欣。在得到饒宗頤先生的女公子饒清綺、饒清芬女史的首肯後，即着手做有關書札的編輯工作，再一次領略饒宗頤先生的學術思想、學術成就和治學精神，藉以緬懷和紀念我們景仰和愛戴的國際漢學大師饒宗頤先生。

饒宗頤先生寫給我的書簡共有七十多通，主要集中在上世紀80年代初期到新世紀開禧之年，大體上可以分爲三個時段。爲了便於理解，我在這裏簡單介紹一些與書札有關的背景資料。1979年11月，中國古文字研究會第二屆學術年會在廣州舉行，商承祚先生任本届理事會理事長，趙誠先生和我任秘書長負責秘書處的具體工作。會前，商承祚理事長向新華社發表談話，歡迎海外的古文字學家到内地參加古文字學術研討會，並表示已爲港澳臺的同仁預留了參會的席位[1]。當時，我們通過香港中華書局的李祖澤先生了解到饒先生剛剛從中文大學退休，有意到内地走一走，看一看。商先生立即給饒先生發了邀請函，饒先生遂答應將在日本京都講學後前來赴會。這次古文字研究會有兩個顯著的特點，一是老一輩的古文學家到得最齊，二是首次有海外的學者（香港地區的饒宗頤和美國的周鴻翔）出席會議。對於饒宗頤先生的到來，當時的省委領導十分重視，時任省委書記的吴南生先生特地在廣東迎賓館設宴歡迎饒宗頤先生。席間吴書記説："這次是饒先生闊别故土三十年後首次回到廣州，希望今後多回家鄉看看，多到内地走走。"當時饒先生顯得非常激動，他説："我從小熟讀地方文獻，十四歲寫了《楚辭地理考》，在顧頡剛先生主編的《禹貢》雜志上發表文章，與錢穆先生辯論《楚辭》中的地名和江名的所在處，對各地的方志亦熟讀在胸，可是我現在卻是個無家可歸的游子，真的很想到各處去走一走，看一看呀！"吴書記當即表示，"歡迎，歡迎！"並對着在座的高教局局長林川和省社科聯楊樾同志（他

① 這一年的春節，葉劍英委員長發表《告臺灣同胞書》。

們都是饒先生的同鄉）説："必要時可叫中山大學的曾憲通同志陪同，他陪容老、商老到過許多地方，對那裏的人和地都比較熟悉。這也是向饒先生學習的好機會啊！"就這樣，饒先生回到香港後又轉到日本京都大學講學。饒先生最早寫給我的這些書簡，就是在第二届古文字研究會後回到香港和在日本講學時寫給我的，這也就是這批書札開始於1980年的原因。

第一個時段從1980年初到1981年10月。

饒先生在廣州參加第二届古文字學術研討會後回到香港，於1980年1月6日來信云：

> 回港後，在中大（中文大學）參加中日文化交流會議，忽染强烈感冒，旬日爲之不快。久久未致書道謝，馳想無已。
>
> 此次返國，有機會接觸新資料，真勝讀十年書！而舊雨新知，聚首一室，倍感親切。而弟又得與昆仲會面，愉快萬分。一切多得吾兄妥爲安排，謹此深致萬二分之謝意。
>
> 商老不知決定何時赴美？兄如與同行[②]，經港時，請在舍下暫屈數日，可以長談。弟如前議，四月中赴法，五至八月，在京都大學。……九月及十月，希望在國内多作逗留，參觀各博物館，或先至敦煌一行，再至成都，届時不知能如願否？

1980年9月20日，饒先生從香港乘直通車到廣州，住廣東迎賓館，與廣東省高教局林川局長會面，正式確定由我全程陪同饒先生北上作學術考察。21日上午，饒宗頤先生與中山大學參加第三届古文字研究學術年會的學者一道，乘飛機飛往成都。這次成都學術年會在饒先生的影響和帶動下，日本學者來得最多，香港中文大學中文系也由系主任常宗豪先生帶隊，組團出席會議。從23日至26日討論卜辭分期和數字卦問題，饒先生在會上發表了《略論馬王堆易經》的論文，得到張政烺先生的高度贊賞[③]。27日起，饒先生由文物出版社專程前來迎候的鄭昌政先生和我兩人陪同（鄭先生陪至北京），走訪了全國十四個省市的三十三個博物館和考古隊後，於12月15日返回香港。先生在考察過程中對楚地的出土文物情有獨鍾，在北京收到文物出版社王仿子社長贈送的新出《雲夢秦簡日書》一書時，便興

② 當時商承祚先生應周鴻翔先生所在學校（美國加州大學洛杉磯分校）的邀請，準備赴美講學，並擬帶我隨行。後因商老健康問題未能實現。

③ 馬王堆帛書《易經》整理者張政烺先生對饒宗頤先生的論文作出了高度的評價，他説："饒宗頤先生論文中對帛書《易經》卦序的推測完全正確，符合實際。帛書《易經》中假借字特別多，可能是文化程度不高的人根據師承口説記下的。别字連篇，對研究當時的語言是一種非常有用的材料。饒先生根據一片帛片就寫出這篇質量很高的文章，是研究帛書《易經》的第一篇論文，是非常了不起的。饒先生既是文學家，又是歷史學家，學問是非常淵博的。"

奮地對我説："你所寫的《楚月名初探》初步揭示了秦簡日書的價值，現在有了這本完整的日書，我們應該找機會一起來認真研究才行啊！"遂確定以"楚地出土文獻研究"作爲進一步共同探討的課題。

饒先生回到香港後，於12月22日來信説：

> 八十天同游，陪同到底，真余一生經歷永遠難忘之事，十分可念，復萬分感謝！
>
> 回港稍憩，即患大傷風，旬日未愈，雖云氣候轉變，想亦積勞所致。久久不想握管，遲至今日始寫信，歉疚之至！
>
> ……兄來港事，各方已談妥。祇是研究所所長赴法未返，須一九八一年一月七日才回港，方能發出聘書，請稍待旬日。……
>
> 影片全部沖洗，成績尚不錯。其中在承德膠卷不同，只能沖成幻燈片，不甚佳。其一須寄澳洲沖洗。最末一卷即上海以後至富陽、衡陽者，因裝入時大意，全交白卷，至爲可惜！

我曾經在《選堂訪古留影與饒學管窺》④一書中簡單交代過書中的照片爲何"缺頭"（因膠卷裝不好，缺成都、蘭州和敦煌三地照片），由此信則可確知照片"缺尾"的原因所在了。總之，第一個時段前後差不多一年多的時間，通信的主要内容是談參加兩次古文字學術年會和給我辦理赴香港中文大學做訪問學者的相關事宜。以上這兩通書札，都是從内地回到香港後所寫。

自1981年10月至1983年年底，本人應香港中文大學之聘，任該校中國文化研究所訪問副研究員，在饒先生的直接指導下，與饒先生共同完成了《雲夢秦簡日書研究》、《隨縣曾侯乙墓鐘磬銘辭研究》和《楚帛書》三本著作。

第二個時段開始於1984年初至1988年底，即我從香港中文大學回校後大約五年左右的時間。這段時間的通信大體上圍繞着下面這幾項主要内容：

一是通報我們聯名發表著作的出版情況。饒先生在内地聘請年輕學人前往香港中文大學做訪問學者，一般都是由先生提出研究課題，共同研究和討論研究對象的主體内容和一些應該注意的細節，根據自己的研究心得各自寫成單篇論文，最後以聯名方式發表成果。這是先生對這些年輕後輩的扶掖和栽培。我於1981年10月抵港，1982年便在香港中文大學出版社聯名出版了《雲夢秦簡日書研究》。當時，先生指導我將秦簡《日書》中的

④ 見曾憲通《選堂訪古留影與饒學管窺》，花城出版社 2013 年。

《歲篇》與時代相近的《淮南子•天文篇》相比較，寫成《秦簡歲篇講疏》一文，交給先生看後，他特地在《雲夢秦簡日書研究》的首頁寫了一篇“卷前語”，指出：“關於日書某月份内日數和夕數的記録，代表晝夜的長短，我嘗初步指出二月和八月，其數皆八，即《淮南子》所謂‘日夜分平’，這和刑德七舍有着密切的關係。曾君憲通進一步證明所謂‘分平’即是春、秋分，這些代表一年中各月份晝夜的長短共有七式，正是七舍、七衡；漢人所説的日行十六所或十六道，和秦簡以日夕爲十六個單位完全一致，又論日書中的楚曆月名，並據秦楚月名對照表以追溯未經秦人改造過的楚曆原貌，研究更爲深入，特别寫成《歲篇講疏》專文，今與拙作合爲一書，希望方家加以指正。”饒先生獎掖後進不遺餘力，於此可見一斑。

關於《楚帛書》研究，饒宗頤先生具有兩大優勢：一是從上世紀50年代起，就從不間斷地從事楚帛書的研究並發表新著；二是他擁有一套高倍數的放大照片，對於解決楚帛書疑難字的釋讀十分有益。本人的《長沙楚帛書文字編》就是根據這套照片編撰而成的。這裏有個細節需要加以説明。1980年11月，我陪饒宗頤先生到北京，住在華僑大厦。有一天晚上，考古所的李零前來拜訪，李零把他準備參加會議的有關《子彈庫戰國楚帛書》的論文油印稿（缺帛書釋文和考證）送給饒先生。饒先生對李零的著作非常重視，經常有所參考和引用，他在給我的信札中，經常關心“李零書出版未？”在1985年的一通信札中還提到“港中華書局告知《楚帛書》可於七月中旬出版”。因爲我們的《楚帛書》有些地方參考或引用了李零的《子彈庫楚帛書》，故先生一再告知香港中華書局，一定要在北京中華書局出版李零的《子彈庫楚帛書》後，再出版香港版的《楚帛書》⑤，並且説“這是學術界的規矩”，由此可見，饒先生作爲學術大師的風範實在令人欽佩！

二是關於《饒宗頤史學論著選》的篇目及請季羡林先生作序。1982年香港中華書局出版了三卷本的《選堂集林•史林》。我曾經在香港《大公報》“藝林”發表過一篇讀後感⑥，指出此書與錢鍾書先生的《管錐篇》可並稱爲“南北學林雙璧”。1984年中山大學胡守爲教授應上海古籍出版社的邀約，正欲編纂《饒宗頤史學論著選》一書，作爲内地介紹饒先生的第一部著作，並請季羡林先生爲此書作序。饒先生對此非常重視，除從《選堂集林•史林》中提取有關篇目外，還積極補充其他相關資料，進一步加以充實。季羡林先生在序中指出：“饒先生治學方面之廣，應用材料之博，提出問題之新穎，論證方法之細緻，已經能給我們留下深刻的印象，在在給我們以啓發。”⑦這篇長序在學術界産生很大的影響。自此

⑤ 李零《長沙子彈庫楚帛書研究》，出版於1985年7月，饒宗頤、曾憲通《楚帛書》，出版於1985年9月。

⑥ 見《〈選堂集林〉讀後》，香港《大公報》1982年3月9日。

⑦ 見《饒宗頤史學論著選》，上海古籍出版社1993年。

之後，所謂“南饒北錢”和“南饒北季”的説法便不脛而走了。

三是關於《明本潮州戲文五種》的纂集和出版。上世紀的50年代和70年代，廣東的潮汕地區分别在揭陽和潮安兩座明代墓葬中出土了兩個明代戲文的抄本，一爲出自揭陽的明嘉靖年間的潮劇抄本《蔡伯皆》（也就是《白兔記》），另一爲出自潮安的明宣德年間的寫本《金釵記》。此外還有早已流出國外的嘉靖刻本《荔鏡記》，和同一刊本現藏英國牛津大學的另一刻本，以及現藏日本東京大學東洋文化研究所的萬曆刻本。饒宗頤先生特地從國外找到這些流失海外的戲文，並在奥地利維也納國家圖書館找到明萬曆刻本《荔鏡記》戲文的複印件。饒先生建議將這三個流失海外的明本潮州戲文刻本加上國内出土的兩個手抄本，編成《明本潮州戲文五種》，交由廣東人民出版社出版。饒先生在寫給我的書札中，多次提到這些珍貴資料，並由我帶交給廣東省社科聯文學研究所的楊樾先生。這部《明本潮州戲文五種》[⑧]得到饒宗頤及李一氓、吴南生等先生的大力支持才得以印成，在潮劇史上具有重要的影響。

選堂書札的第三個時段開始於1989年，這一年的7月13日饒先生在給我的信中談到了“老”的問題。信中説：

> 我近時目力已大不如前，深覺“老”之已至，作書寫畫，尚可勝前，獺祭鑽研，已感吃力，幸記憶與聯想力，猶未衰退。方將平生論文結集删訂，以後惟從事譯述，以排遣歲月。

這通書札十分重要，是饒公此後近三十年發展路徑的最好表述。按照饒公自己的描寫，這裏的所謂“老”的表現，一是目力大不如前，二是獺祭、鑽研已感吃力。信中的所謂“獺祭”，是指羅集經典名句成文者，乃饒公和錢鍾書兩位最爲擅長的一種文體。所幸這時的饒公記憶力與聯想力尚未衰退，作書寫畫尚可勝前，這就是饒公晚年大量創作書畫作品的原因所在。從這批選堂書札來看，自饒公發現自己“‘老’之已至”以後近三十年間，他自己所處理的重要事項，現加以梳理並略作説明。

一是籌建“饒鍔紀念館”。

在1987年10月23日信函的右側邊緣上寫着密密麻麻、芝麻大小的小字，云：

> 弟潮州市故居事，曾函吴南生先生，請其主持。昨聞於宴會上晤見潮州市書記及

⑧《明本潮州戲文五種》，廣東人民出版社 1985 年。

副市長，均告該産即可發還，并能協助與暹羅方面進行交換商量諸事。余已請泰京友好僑領鄭君出面調解，希望可以成事。南生先生見面時，請代爲致謝！

前段時間，有友人傳來一封饒宗頤先生致季羨林先生的信札，信中提及請中大曾憲通君面陳款曲，請季老爲題寫“饒鍔紀念館”五字的匾額事。信中提到：“所以敦請先生題榜者，因先君著有《佛國記疏證》，惜已散佚，頤之從事梵學，實受諸庭訓，未敢忘本。敬乞先生文字，用述先德。”時間是在11月15日。另據本人記事本的記載，1991年11月13日晨饒公來電囑辦數事，其中就有請季羡林先生題寫“饒鍔紀念館”五字，可用小字書寫再放大刻匾。這段記載與饒公致季老書所言相符，可以印證。加上此信所言故居之事，三者正可以互相説明。但此事幾經周折，在潮州市政府的主持下，後來演化爲在饒家“榮成號”榨油廠舊址的基礎上建造“饒宗頤學術館”（即“頤園”，饒公尊翁饒鍔先生的事迹也陳列其中），並將東城區下東平路305號原“天嘯樓”宅院開辟爲“饒宗頤故居”，成爲潮州市兩處著名的人文景觀。1998年5月，我追隨饒公參加北京大學百年華誕漢學研究國際會議，提交了一篇《潮州饒宗頤學術館記》，文載《文化的饋贈——漢學研究國際會議論文集》（北京大學出版社2000年），將潮州饒宗頤學術館推向國際學術界，潮州市府此舉深獲好評。

二是增訂《楚地出土文獻三種研究》在北京中華書局出版。

饒宗頤先生和我在香港中文大學出版社出版的《雲夢秦簡日書研究》、《隨縣曾侯乙墓鐘磬銘辭研究》及香港中華書局出版的《楚帛書》三種著作，在内地不容易看到。因此，北京中華書局想請饒先生修訂後印行内地版，以應需求。但饒先生在來信中表示，自己實在没有時間逐一修訂，獨立成書，故建議將三者合一，由北京中華書局印行内地版。關於這本内地版的書名，饒先生在來信中有多次討論。因爲新的書名需顧及三種出土材料的地點、時代及内容性質的不同，頗費周章，最後考慮到秦簡的出土地雲夢原屬楚之南郡，出土曾侯乙編鐘編磬的隨縣後亦歸楚，出土楚帛書的長沙則一直是楚之重鎮，三者皆屬楚地，故新的書名最後確定爲《楚地出土文獻三種研究》以總括之。該三種書的内容都略有增訂，於1993年8月由北京中華書局印行。

三是創辦大型學術集刊《華學》。

1993年12月，中山大學敦聘饒宗頤先生爲名譽教授及中華文化研究中心主任。1994年，饒公籌募資金於中山大學創辦大型學術集刊《華學》。他在這一年2月所寫的發刊辭中指出，中華文明是一個從未間斷的文化綜合體。我們所要揭櫫的華學趨向有三個方面：一是縱的時間方面，探討歷史上的重要的突出事件，尋求它的産生、銜接的先後層次，加以疏通整理。二是横的空間方面，注意不同地區的文化單元，考察其交流、傳播互相挹注的歷史事實。三是在事物的交叉錯綜方面，找尋出它們的條理——錯綜關係。《華學》由崇聖大學（泰國）、清華大學和中山大學合編，迄今已編輯出版十二輯，第一、二、五、七、十一、十二輯於中大刊行。我保存有饒公關於《華學》稿件和版式要求的一通書札，是隨意寫在裝文稿的封套上的。他寫道：

> 憲通兄：
>
> 各文皆可用，請注意行文及誤抄處，望撰者校時能自行改正。簡體字應一律改成繁體。排版照北大《國學研究》格式横排，小字注繫於篇末，同一版勿分爲多段，字排疏點，務使好看。全部排列次序目録盼擬定fax一份來看。

隨着通訊工具的發達，來往書札便逐漸爲電話、傳真所代替了。

四是啓動《饒宗頤二十世紀學術文集》的編輯出版工作。

饒公在信中提到要把“平生論文結集删訂”，在90年代初就已經開始啓動。最初擬在廣東人民出版社出版。1993年4月廣東人民出版社“關於編輯出版《饒宗頤文集》的方案（初稿）”中提出：“本文集收録饒先生自1936至1993年期間完成的學術專著四十種，論文及其它文章三百篇（包括已發表和未發表的）約六百萬字，擬分二十册五年出齊。”饒先生委託本人擔任編委會主任。當時在國内聘請顧問十名，編委及特約編委十四名，並在中大梁銶鋸堂第三會議室舉行“饒宗頤文集編委會首次會議”，向新聞界發出了重大信息，後因經費等問題未能實現。直至兩千新禧之年，臺灣新文豐出版社找到饒公，表示願意無條件爲饒公出版文集。下面這通書札，是由饒公的女婿鄧偉雄先生帶來的。信中說：

> 憲通如晤：
>
> 拙集重新安排後，擬命名爲《饒宗頤廿世紀學術文集》，面目將爲之一新，略誌緣起數語，未知當否，請酌。
>
> 未刊之新著除《三星堆西南文化創世紀》一書之外，將增入“郭店楚簡一觎”數篇於簡帛學之前，其他有改訂及新增之論文，候舊年底歸港後一一影出補上，以竟全功。
>
> 此書得兄鼎力相助，望能在本年出世，作爲古文獻廿世紀學術之小結。
>
> ……
>
> 《在開拓中之訓詁學》，擬附入尊著論楚易卦一文，請影出增入，又及。

《饒宗頤二十世紀學術文集》終於在2003年10月由新文豐出版社分十四類二十册全書出齊。饒公在此書後記中寫道："《饒宗頤二十世紀學術文集》之構思，肇始於上世紀九十年代初，當時得廖烈智先生巨資勸助，工作得以進行，又得曾憲通教授延攬粵中及中外文史名宿，主持編審文稿，經多次集會商討，聯絡出版事宜，濃情渥誼，殊深銘感。惜種種原因，未能成事。至二千禧年底，余在臺北'中研院'主講，與新文豐出版社高本釗董事長言及此事，蒙其一諾，由新文豐出版社擔承付梓。"饒公在給我的信中提到"略誌緣起數語"者，即此文集"後記"之謂也。

饒宗頤先生是一位既有"國學"家之淵博，又有"漢學"家之專精，更兼具"華學"家之華夏文明史觀的特質型國際級大師。他的書札，也同先生的其他精神産品一樣，字裏行間都透露出他的睿智和風範，是值得我們好好學習和珍惜的。

目　録

整理説明

（一）信件按時間先後排序；信件本身日期信息不明確或不完整者，根據内容推定，個別不能具體推定者，排在相對位置，酌加説明。

（二）圖文對照，以便讀者核對；只有極個别據抄本釋録者，則不出圖。

（三）釋文分段及標點，參照原件，並酌加調整。

（四）原件中之簡體字（含草書）如“与”、“个”、“广”、“办”、“当”、“乱”、“举”、“为”、“学”等，統一轉寫爲繁體字；個别個性化寫法如“盼”習慣寫从“耳”，徑改爲正體；異體、古體及俗體字酌予保留。

（五）信中引及古文字形，悉依原筆迹複製。

（六）信中涉及的人物，首次出現時酌出簡注。

（七）信中提及論著題目時多取關鍵字而不求精確，釋文仍儘量加書名號，必要時酌加説明。

選堂書札

致曾憲通

C U G P. 9 5000-2-76

THE CHINESE UNIVERSITY OF HONG KONG

憲通尊兄左右：回港後，在中大參加中日文化交流會議，忽染流行感冒，旬日為之不快。久久未致書道謝，弛想無已。此次返國，有機會接觸新資料，真勝讀十年書！而舊雨新知聚首一堂，倍感親切，而弟又得與昆仲會面，愉快莫名。一切多得 兄安為安排，謹借箋致萬分之謝意。

商丈不知決定何時赴美？ 兄若与同行，經港時請在舍下暫居若日，可以長談。 弟如前議，四月中赴法，五月至八月，在京都大學。如時間許可，或往東京見訪。九月及十月，希望在國內多作旅遊，參觀各博物館，或先至敦煌一行，再至成都。屆時尚希 兄能先賜覆。短文一篇，請轉上海沈之瑜館長，藉當良晤。 容丈、商丈暨諸位同鄉友好乞代致候。中大吳主任亦煩代申謝悃，餘俟續陳，匆此

著安。

弟 宗頤再拜 一月六日

（一）一九八〇年一月六日

憲通尊兄左右：

回港後，在中大參加中日文化交流會議，忽染强烈感冒，旬日爲之不快。久久未致書道謝，馳想無已。

此次返國，有機會接觸新資料，真勝讀十年書！而舊雨新知，聚首一室，倍感親切。而弟又得與昆仲會面，愉快萬分。一切多得吾兄妥爲安排，謹此深致萬二分之謝意。

商老[①]不知決定何時赴美？兄如與同行，經港時，請在舍下暫屈數日，可以長談。弟如前議，四月中赴法，五月至八月，在京都大學。如時間許可，或經東京飛滬，九月及十月，希望在國内多作逗留，參觀各博物舘，或先至敦煌一行，再至成都，屆時不知能如願否？短文一篇，請轉上海沈之瑜[②]舘長，藉當良晤。

容丈[③]、商丈暨諸位同鄉友好，乞代致候。中大吴主任[④]，亦煩代申謝悃。餘竢續陳。

匆頌

著安。

弟宗頤再拜

一月六日

---

① 商承祚，古文字學家，中山大學中文系教授。

② 沈之瑜，文物學家，時任上海博物舘舘長。

③ 容庚，古文字學家，中山大學中文系教授。

④ 吴宏聰，現代文學專家，時任中山大學中文系主任。

憲通吾兄道席：三月十五日手書拜悉，忻慰無名。茲將意見奉陳如下：

1、沈之瑜館長函復已收到，令人鼓舞，俟與旅行社及有關方面聯絡。

2、伯謙兄來函，稱「湖北定十月間舉行楚文化學術會，弟已被列爲邀請人，將發出邀請函，務希光臨」云云。惜不知楚文化與古文字學會二者先後如何排列？看情形似古文字在後。此點兄如有所知，請即示及，以便安排旅行程序。

3、敦煌之行，能否實現，請兄與常所長代爲聯絡。如果九月十日赴滬杭，然後北上津門、北京，再至西北敦煌……時間先後應如何安排才適宜，請兄爲考慮示及。我將行程計劃交小婿上呈。

4、兄與商老赴美時間有改變？據國楨兄云：商老身體檢查，發覺心臟有毛病，不宜長程航行，未知然否？甚念之！弟及小婿鄧偉雄欲求商老惠賜墨寶，弟求小幅古篆，金文或楚鄂君啟節的均可，俾可懸挂廣中。

5、兄前云有唐立老殷虛文字記複本及商老之信陽竹簡摹本（僅20頁）、及貴所編之湖北楚簡資料，如有可能，請交小婿帶回，印費由弟奉上。

專此敬頌

教安

愚弟宗頤拜　三月廿日

中大諸故人請代問候，容老乞代問安。

（二）一九八〇年三月二十日

憲通吾兄道席：

三月十五日手書拜悉，忭慰莫名。兹將各事奉陳如下：

1. 沈之瑜舘長覆書收到，令人鼓舞，候與旅行社及有關方面聯絡。

2. 伯慧①來函稱，湖北定十月間舉行楚文化學術會，弟已被列爲邀請人，將發出邀約，務希光臨云云，惟不知楚文化與古文字學會二者先後如何排列？看情形似古文字在後。此點兄如有所知，盼即示及，以便安排旅行程序。

3. 敦煌之行，盼能實現。請兄與常所長②處代爲聯絡。如果九月十日赴滬杭，然後北上津門、北京，再至西北酒泉……，時間先後應如何安排，才能適宜？盼爲考慮、示及，或將行程計劃交小壻亦可。

4. 兄與商老赴美時間有改變。據國權兄③云：商老身體檢查，發覺心臟有毛病，不宜長程航行，未知然否？甚念甚念！弟及小壻鄧偉雄④欲求商老惠賜墨寶。弟求小幅大篆，契文或楚鄂君啓節數句均可，俾可懸挂广中。

5. 兄前言有唐立老⑤《殷虚文字記》複本，及商老之信陽竹簡摹本（僅20頁），及貴所編之湖北楚簡資料，如有可能，請交小壻帶用，印費由其奉上。

專此。祗頌

教安。

愚弟宗頤再拜

三月廿日

中大諸故人請代問候，容老乞代問安。

---

① 詹伯慧，語言學家，暨南大學中文系教授。

② 常書鴻，文物學家，時任敦煌研究所所長。

③ 馬國權，古文字學家，書法篆刻家。

④ 鄧偉雄，饒公女婿，饒清芬夫。時任香港無綫電視臺創作部主任。

⑤ 唐蘭，字立庵，古文字學家。

八月廿八日回東德。 川大邀請先到南京收到周紹離開的月、（六月廿四—七月十日）如下週收到、即行函覆；否則逕遷至七月十四後、請先向 徐教授及趙誠先生致謝忱。

弟暫定九月七或八日返國。惟不知先須從陸入境抑可由德先滬；以便行程。前曾託東德商務李祖先生與新華社祁鋒副社長聯絡，請 兄即函李祖君或梁鳳儀君，將此一段行程與新華社關照，並請安排旅遊地點。如從陸入境，是否可以先赴昆明遊大理，再往成都，則上海作為回程地點。南京蘇州杭州可否包括在內？時間稍延長些自己去好。總之請 兄內々安排、并告所用旅費。此次旅行費用及其它手續，仍請詳告，俾可準備。

尊體甚盼珍攝，多々保重！

蘭公及楊先生處請代致意。

關於戲曲古本事，已函通知 兄何牛津方面已請 Van der Loon 教授參加工作，由其將照片逕寄 兄處。日本有二種：一為天理大學所藏，該本極為完整（該大學善本叢書近日印行，弟前曾研究其唐寫本五臣注文選，故被邀請在廣告上寫推薦書。去週參觀，並本此荔鏡記古本，獲視手澤，似較牛津本為佳，十分快意。另一為東京之收藏，全花而十月往東京當請其一觀。京都大學有一手寫本「荊釵記」金陵書林世德堂梓，題鳳城思德李氏校書（一此風

（三）一九八〇年六月十五日

憲通吾兄道席：

五月卅日大函，日昨收到，欣悉一切。安排妥當，至謝至謝！

伯慧曾來京都一次，欣獲晤敘。弟在京都大學中文系及人文科學研究所講課，將于本週完畢，即赴九州大學。下月七日抵東京，逗留三數日即回京都。八月一日，往北海道大學，并旅行十天。八月廿八日回香港。

川大邀請書刻尚未收到，因須離開旬日（六月卅日—七月十日），如下週收到，即行函覆；否則須遲至七月十日以後，請先向徐教授①及趙誠②先生致謝忱。

弟暫定九月七或八日返國。惟不知先須從穗入境，抑可由港飛滬？此次行程，前曾託香港商務李祖③先生與新華社祁鋒④副社長聯絡，請兄即函李祖君或梁麗儀⑤君，將此一段行程與新華社關照，并填妥旅遊地點。如須從穗入境，是否可先赴昆明遊大理，再往成都，則上海作爲回程地點，南京、蘇州、杭州可否包括在内？時間稍延長數日亦無妨。總之，請兄爲之安排，并望真能同行。尊體甚盼珍攝，多多保重！此次旅行費用及其它手續，仍請詳告，俾可準備。

關於潮曲古本，未知進行如何？南公及楊先生⑥處請代致意。牛津方面已請Vander Loon⑦教授參加工作，由其將照片逕寄港商務。日本有二種：一爲天理大學所藏嘉靖本，極爲完整。（該大學善本叢書近日印行，弟前曾研究其唐寫本五臣注《文選》，故被邀請在廣告上寫推薦書。去週參觀善本，此《荔鏡記》古本，獲親手摩挲，似較牛津本爲佳，十分快意。）另一爲東京之《潮調金花女》，下月往東京當借出一觀。京都大學有一景寫本《荆釵記》，金陵書林世德堂梓，題“鳳城思

---

① 徐中舒，古文字學家，四川大學歷史系教授。

② 趙誠，古文字學家，中華書局編審。

③ 李祖，又名李祖澤，出版家，時任香港中華書局及商務印書館總經理。

④ 應是祁烽，時任新華社香港分社副社長。饒公信中或寫作“祁鋒”、“祁峰”。

⑤ 梁麗儀，新華社香港分社工作人員。

⑥ 南公，指吴南生，革命家，文學家，時任廣東省委書記；楊先生，指楊越，又名楊樾，革命家，文學家，時任廣東省社科院文學研究所研究員，《學術研究》主編。二氏當時正主持古本潮州戲文的整理工作。

⑦ 漢譯名龍彼得，歐洲漢學家，牛津大學教授，對古本潮、閩戲文深有研究。

AEROGRAMME
航空書簡
TO OPEN SLIT HERE FIRST
日本郵便 100
NIPPON
曾憲通教授 啟
國立中山大學中文系
廣州 中華人民共和國
Canton China
次に ここを 折る
Second fold here
差出人住所氏名郵便番号
Sender's name, address and postal code
Prof. Jao Tsung-i（饒宗頤）
c/o Prof. S. Shimizu（清水茂教授）
Department of Chinese Language & Literature
Kyoto University,
606 Kyoto, JAPAN
郵便番号
POSTAL CODE

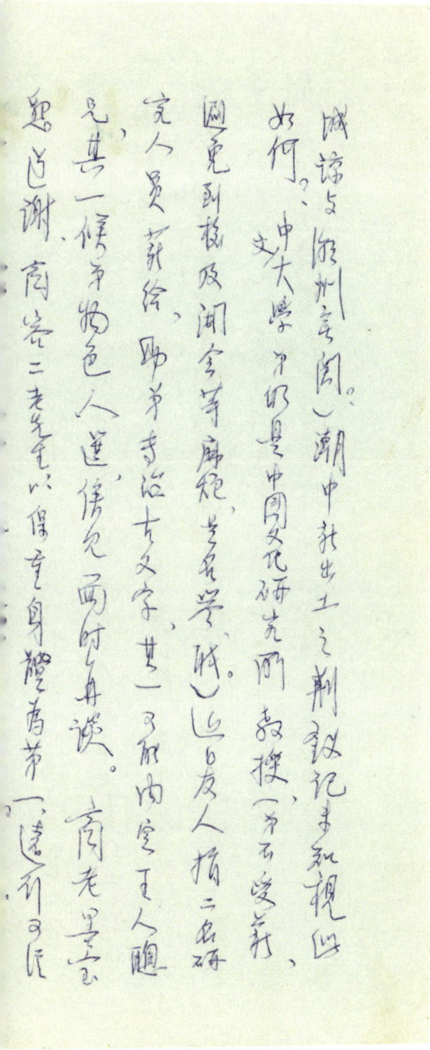
城諒与潮州無関）潮中新出土之荊釵記未知視此
如何？ 中文大學弟仍是中國文化研究所教授（弟不受薪、
避免到校及開會等麻煩，是名譽職）近日友人捐二名研
究人員薪給，助弟專治古文字，其一可能内定王人聰
兄，其一候弟物色人選，俟見面時再談。商老墨寶
懇道謝。商、容二老先生以保重身體爲第一，遠行可從長

德李氏校書”（此鳳城諒與潮州無關？），潮中新出土之《荊釵記》未知視此如何？

中文大學弟仍是中國文化研究所教授（弟不受薪，避免到校及開會等麻煩，是名譽職），近日友人捐二名研究人員薪給，助弟專治古文字，其一可能内定王人聰[8]兄，其一候弟物色人選，俟見面時再談。

商老墨寶懇道謝，商、容二老先生以保重身體爲第一，遠行可從長計議。家教[9]、新魁[10]諸兄及穗中友好望爲問候，恕不一一。

此頌

教安。

弟宗頤再拜

六月十五日

---

⑧ 王人聰，古文字學家。

⑨ 黄家教，語言學家，中山大學中文系教授。

⑩ 李新魁，語言學家，中山大學中文系教授。

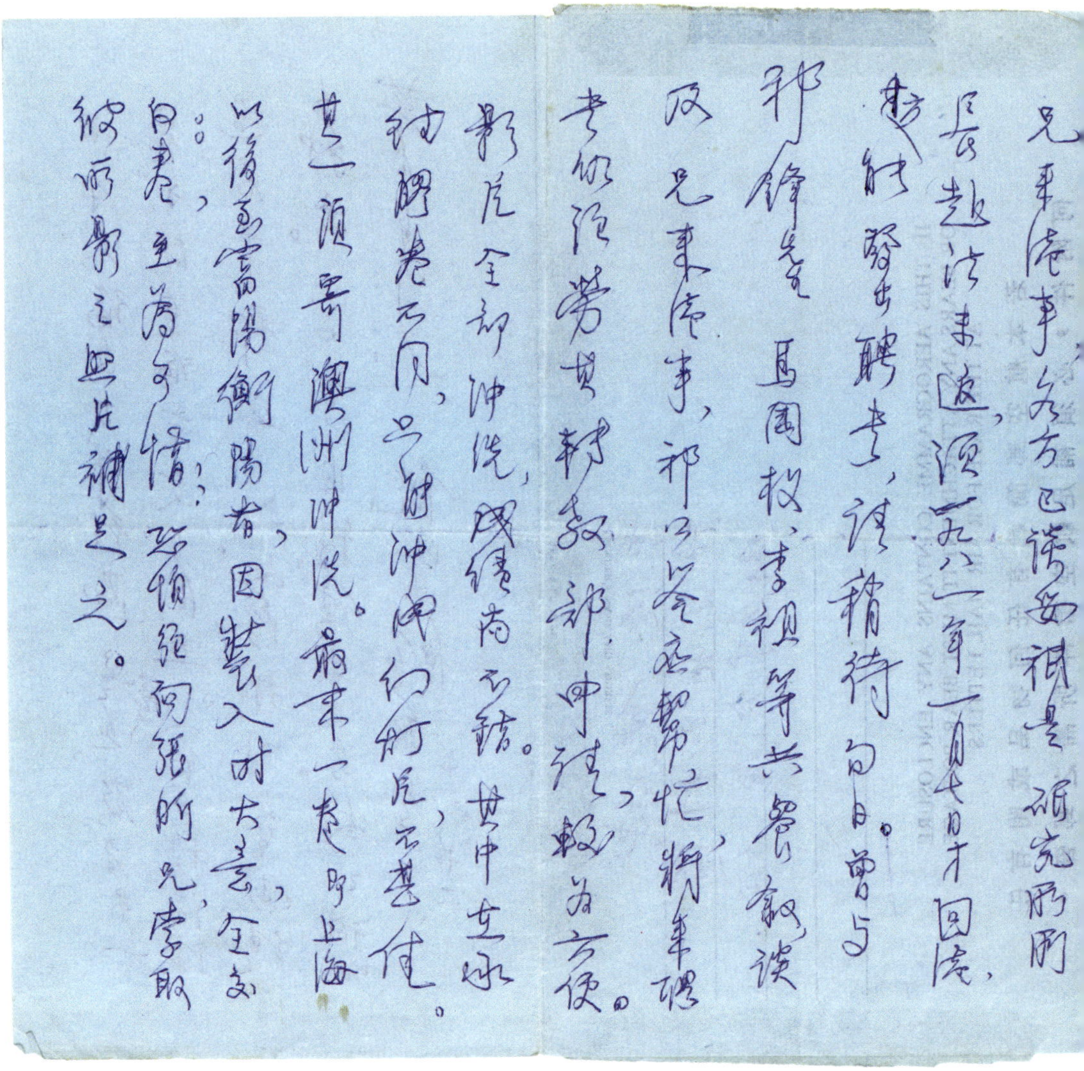
兄來港事，多方已請安排，是研究所所
長趙決定，須一九八一年一月廿日回港，
始能發出聘書，請稍待。日前曾與
邦健兄、馬國權、李棪等共餐敘談
及兄來港事，邦公答應幫忙，將來恐
要你多勞，貴校敦聘中請較為方便。
影片全部沖洗，成績尚不錯。其中女兒
紙膠卷不夠，只能沖印部分影片，不甚佳。
其一須寄澳洲沖洗。前來一卷即上海
以後至當陽、衡陽者，因裝入時太急，全部
：：，自惹至苦之情：：，煩從向張所兄索取
紙所影之照片補足之。

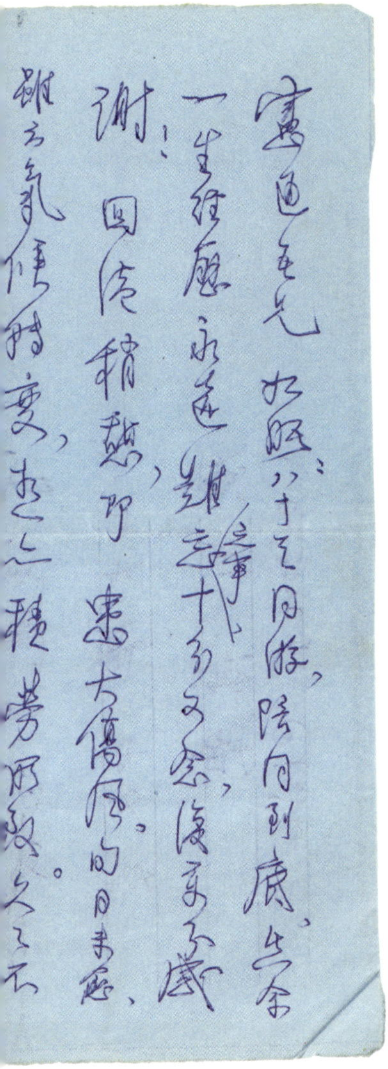
憲通吾兄如晤：八十天同游，陪同到底，真余一生經歷永遠難忘之事，十分可念，復萬分感謝！回港稍憩，即患大傷風，旬日未愈，雖云氣候轉變，想亦積勞所致。久久不

（四）一九八〇年十二月二十二日

憲通吾兄如晤：

八十天同游[①]，陪同到底，真余一生經歷永遠難忘之事，十分可念，復萬分感謝！

回港稍憩，即患大傷風，旬日未愈，雖云氣候轉變，想亦積勞所致。久久不想握管，遲至今日始寫信，歉疚之至！

寄來二小包書物，收到，想尚有未寄者。兄來港事，各方已談妥，祇是研究所所長赴法未返，須一九八一年一月七日才回港，方能發出聘書，請稍待旬日。曾與祁鋒先生、馬國權、李祖等共餐敘，談及兄來港事，祁公答應幫忙，將來聘書仍須勞其轉教部申請，較爲方便。

影片全部沖洗，成績尚不錯。其中在承德膠卷不同，只能沖成幻燈片，不甚佳。其一須寄澳洲沖洗。最末一卷即上海以後至富陽、衡陽者，因裝入時大意，全交白卷，至爲可惜！恐怕須向張昕[②]兄索取彼所影之照片補足之。

---

① 1980 年 9 月底至 12 月中旬，曾憲通陪饒公在國内游歷考察，詳見曾憲通《選堂訪古隨行紀實》，《華學》第七輯，中山大學出版社 2004 年。

② 張昕，美籍華人，美國紐約州立大學美術史教授。1980 年 11 月 23 日，饒公與曾憲通在揚州巧遇張氏，並同游江南。

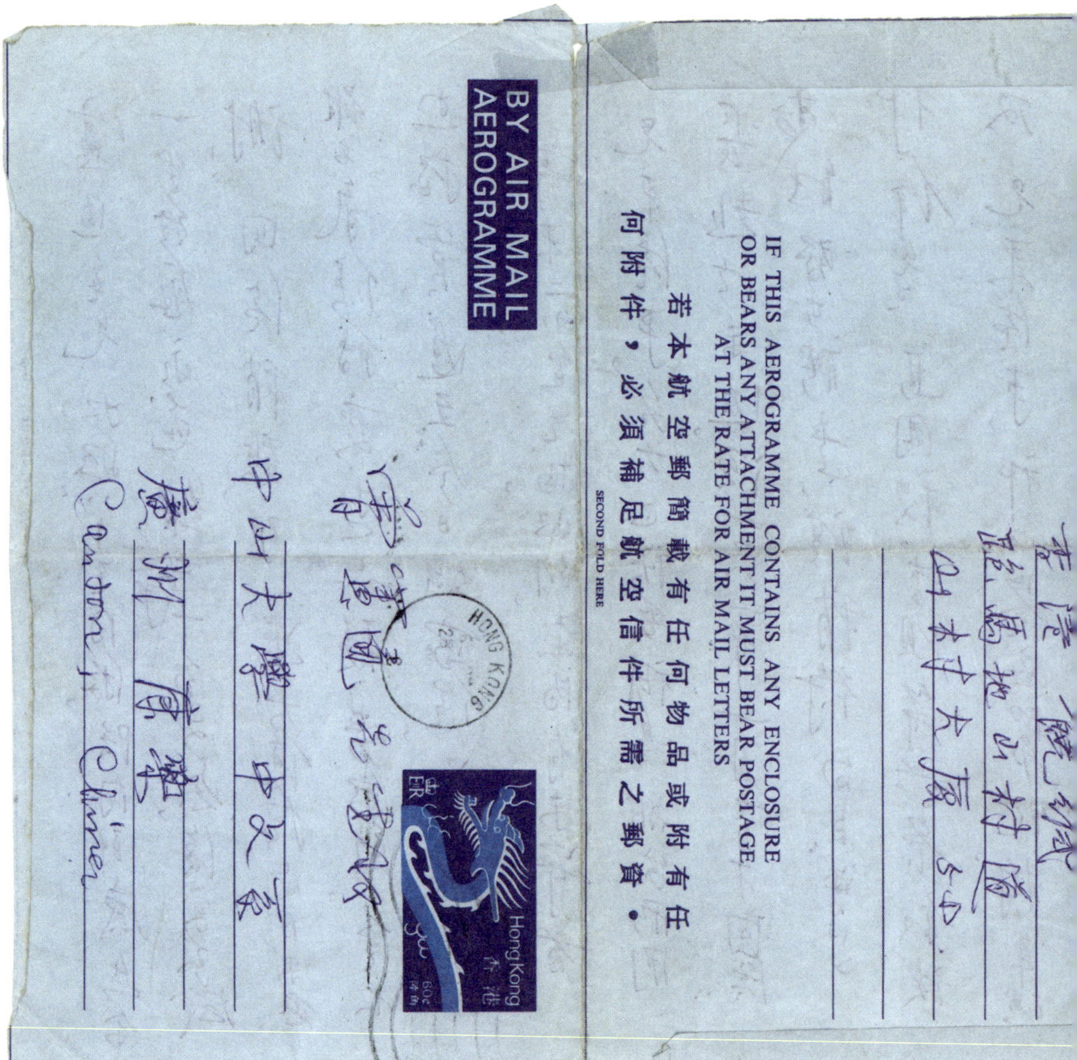
BY AIR MAIL
AEROGRAMME
IF THIS AEROGRAMME CONTAINS ANY ENCLOSURE
OR BEARS ANY ATTACHMENT IT MUST BEAR POSTAGE
AT THE RATE FOR AIR MAIL LETTERS
若本航空郵簡載有任何物品或附有任
何附件，必須補足航空信件所需之郵資。
SECOND FOLD HERE
Hong Kong 香港
60c
HONG KONG
曾憲通先生收
中山大學中文系
廣州 康樂
Canton, China

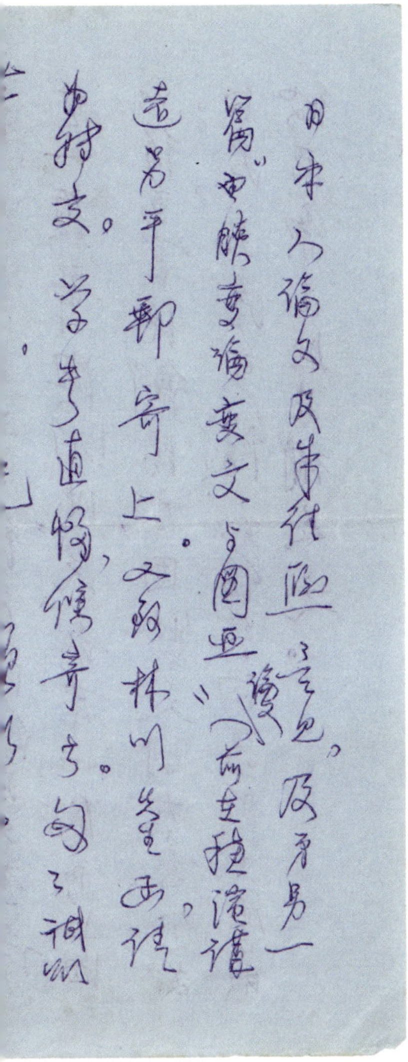

日本人論文及朱德熙[3]意見，及弟另一篇《由睒變論變文與圖畫》論文（前在穗演講者），另平郵寄上。又致林川[4]先生函，請爲轉交。草書直幅，候寄去。匆匆祇頌
著安。

饒宗頤頓首
十二，廿二

③ 朱德熙，語言學家，古文字學家，北京大學中文系教授。

④ 林川，時任廣東省高等教育局局長。饒公此次考察，得到廣東省高教局的協助，曾憲通即由高教局名義派出陪同。

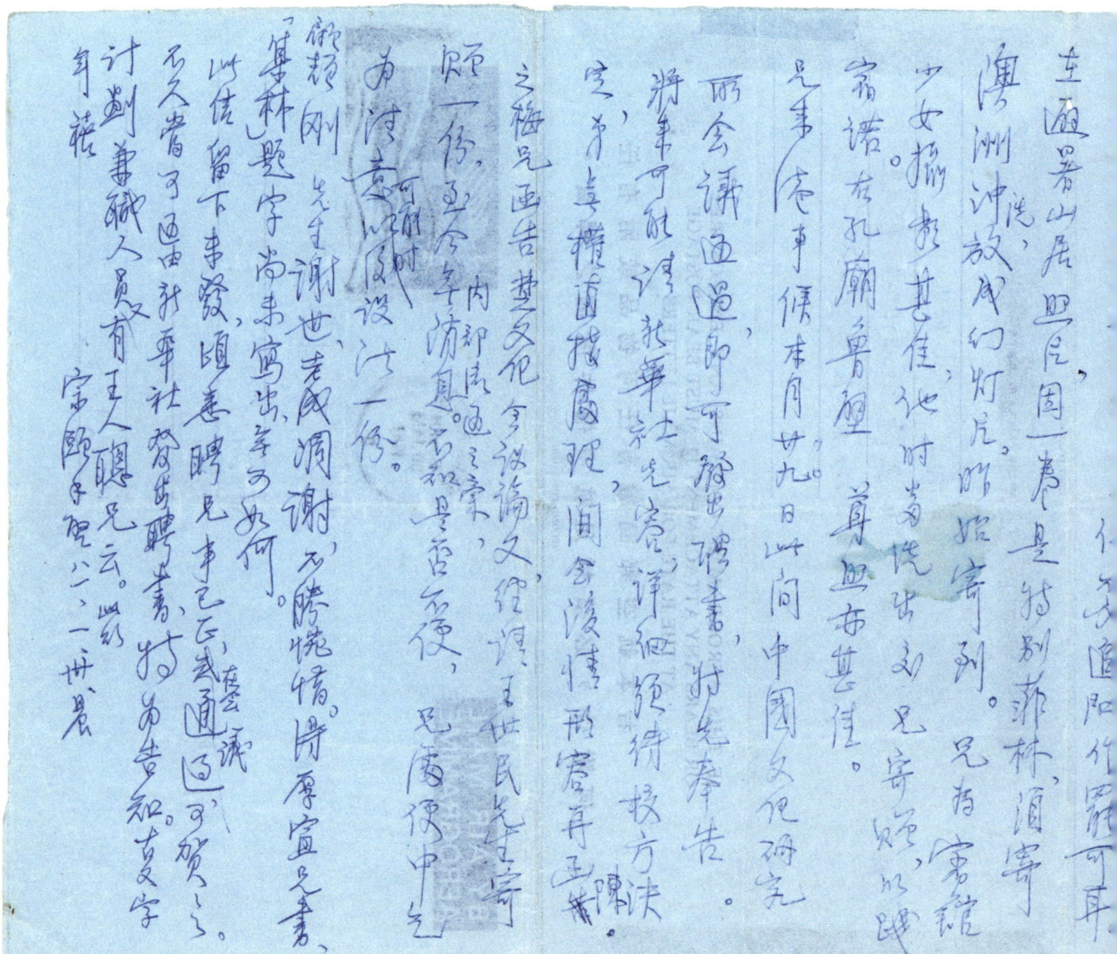
仍多追加作罷可耳。
去函署山居照片圖一卷，是特别菲林，須寄
澳洲沖洗，放成幻灯片，明始寄到。兄有需館
少女插敎甚佳，他時當洗出交兄寄贈以便
需諸右孔廟魯壁尊照亦甚佳。
兄事，悉事俟本月廿九日此間中國文化研究
所會議通過，即可發出聘書，特先奉告。
將來可能請新華社先容，詳細須待校方決
定，弟當直接處理，聞會後情形容再函陳。
之梅兄函告，楚文化會議論文經請王世民先生寄
呈一份，至今年消息，內部流通之稿，不知是否不便，兄處便中乞
爲詢意見，可能時設法一份。
顧頡剛先生謝世，老成凋謝，不勝愴悼。得孝宜兄書、
「華林」題字尚未寫出，年后如何。
此信留下未發，頃悉聘兄事已正式在會議通過，可賀之至。
不久當可函由新華社發出聘書，特爲告知。支字
計劃兼職人員，又有王人聰兄云。此頌
年禧
宗頤手上 八一、一、卅，晨

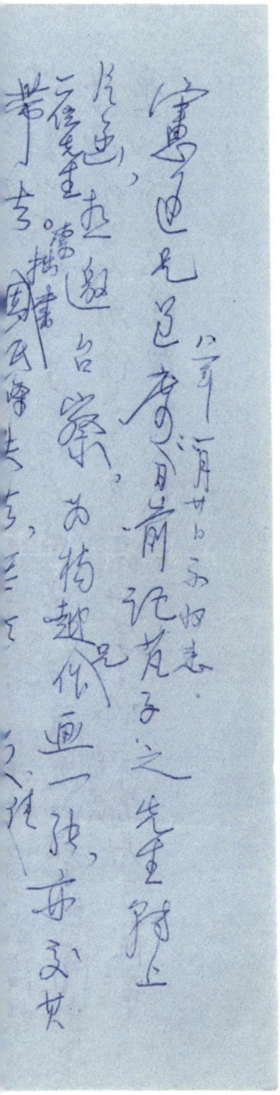

（五）一九八一年一月三十日

憲通兄道席：

八一年一月廿日示收悉。日前託芃子[1]之先生轉上片函，想邀台察。爲楊越兄作畫一張，亦交其帶去。二位先生索拙書，因紙條失去，無法落款，請將人名（記得一位是廣東社會科學院人士）示知，以便作書。

兄寄來書籍八包，皆妥收，免介。剃刀事弟已另購買，用之多時，遺失之件不必追問，作罷可耳。在避暑山居照片，因一卷是特别菲林，須寄澳洲沖洗，放成幻燈片，昨始寄到。兄爲賓館少女攝影甚佳，他時當洗出交兄寄贈，以踐宿諾[2]。在孔廟魯壁尊照亦甚佳[3]。

兄來港事候本月廿九日此間中國文化研究所會議通過，即可發出聘書，特先奉告。將來可能請新華社先容，詳細須待校方決定，弟無權直接處理，開會後情形容再函陳。之梅[4]兄函告，楚文化會議論文經請王世民先生寄贈一份，至今無消息。内部流通之稿，不知是否不便，兄處便中乞爲注意，可能時以後設法一份。

顧頡剛[5]先生謝世，老成凋謝，不勝惋惜。得厚宣[6]兄書，“集林”題字尚未寫出，無可如何。

此信留下未發，頃悉聘兄事已正式在會議通過，可賀可賀。不久當可通由新華社發出聘書，特爲告知。古文字計劃兼職人員又有王人聰兄云。此頌

年禧。

宗頤手啓

八一，一，卅，晨

---

① 饒芃子，文藝學家，暨南大學中文系教授，饒公堂侄女。

② 因時達初冬，河北承德避暑山莊“暖氣房”十分緊俏，一房難求，爲了感謝兩位服務員爲饒先生謀得一間“暖氣房”，曾憲通特地爲她們照了一張彩色照，留作紀念。

③ 因爲當時曾憲通正在研究“孔壁古文”，這張在曲阜“魯壁”所拍的照片，是饒公親自爲曾憲通拍攝的，彌足珍貴。

④ 舒之梅，考古學家，曾任湖北省博物館館長。

⑤ 顧頡剛，歷史學家，民俗學家。饒公青年時期即受顧老器重，被委以主編《古史辨》第八册之任。1980 年 10 月 7 日，饒公曾到北京醫院探望顧老。

⑥ 胡厚宣，古文字學家，歷史學家。

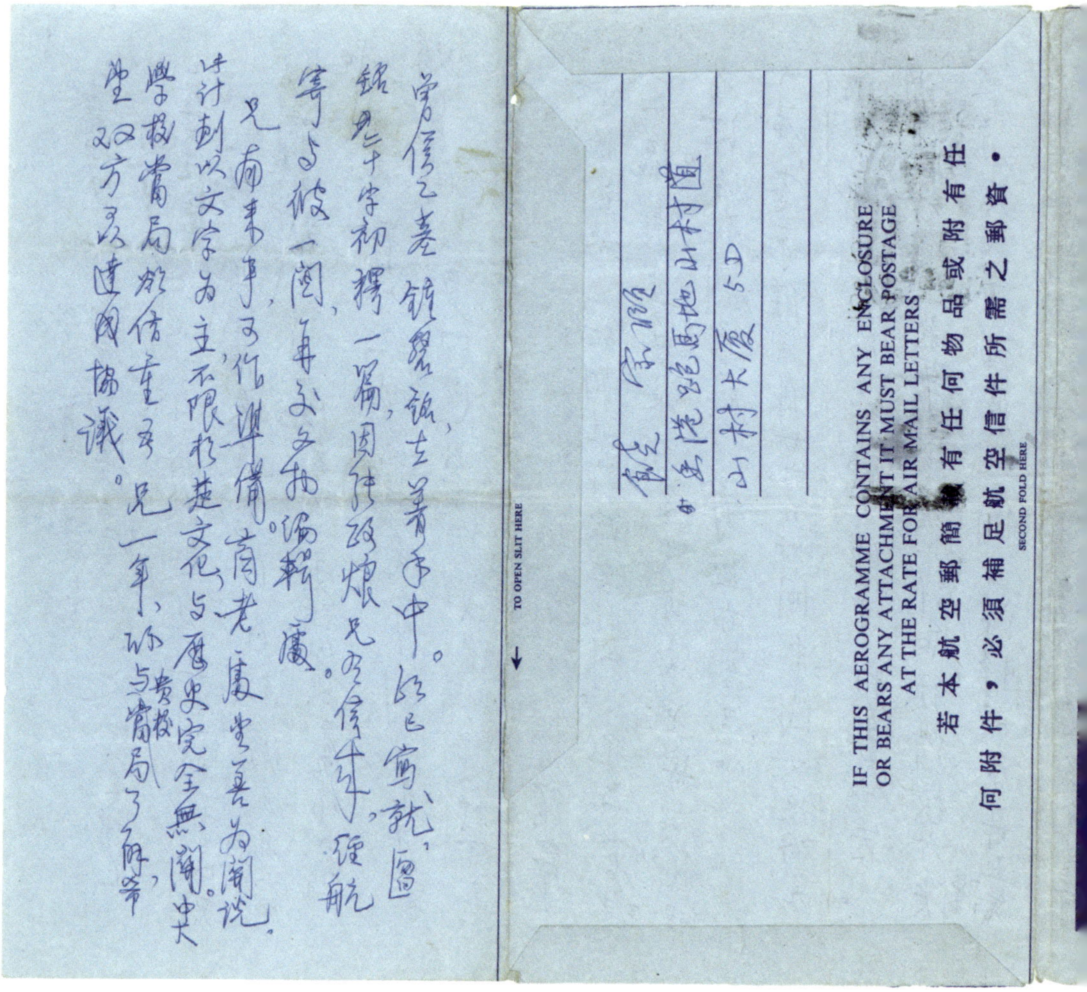

曾侯乙墓鐘磬銘文著手中。經已寫就，圖
錄及二十字初釋一篇，因饒致煒兄不信往，經航
寄與彼一閱，再交文物編輯處。
兄南來事，可作準備。商老處當為闡說。
研討會以文字為主，不限於楚文化，與歷史完全無關。中大
學校當局於信查至兄一年，亦與貴校當局了解，常
望雙方爭取達成協議。

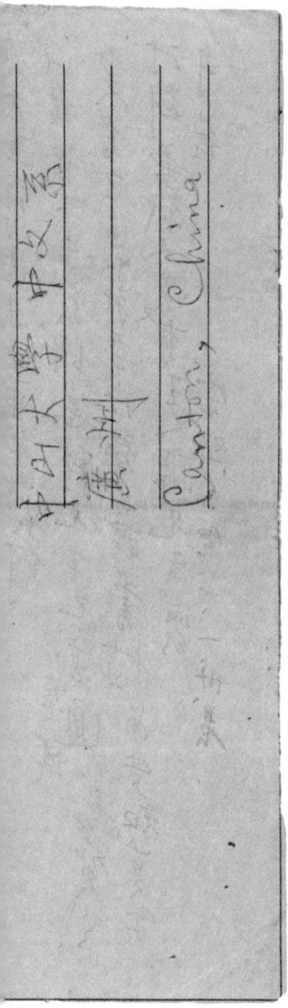

曾侯乙墓鐘磬銘，在著手中。頤已寫就《匽銘二十字初釋》一篇，因張政烺[7]兄有信來，經航寄與彼一閱，再交《文物》編輯處。

兄南來事，可作準備。商老處望善爲關説[8]。此計劃以文字爲主，不限於楚文化，與歷史完全無關。中大學校當局欲借重吾兄一年，盼與貴校當局了解，希望雙方可以達成協議。

---

⑦ 張政烺，古文字學家，歷史學家。

⑧ 因當時商老曾推舉一人參與此項研究計劃，饒公認爲不合適，故如是説。

INSTITUTE OF CHINESE STUDIES
THE CHINESE UNIVERSITY OF HONG KONG
SHATIN, THE NEW TERRITORIES, HONG KONG. TELEPHONES: 12-612211

香港中文大學
中國文化研究所
香港新界沙田・電話：一二一六一二二一一

Reference:

憲通兄：

來函敬悉。值旧曆新歲，學校放假，一切停頓。劉兄聘書，校長室尚未發出，尚有一些公文手續。日間取得後通過新華社轉寄。此研究 fellowship 是從一九八〇年至十二月廿七日後正式通過。因研究所之長方從北京歸來，以致耽擱。上函已詳告，度登文几矣。

囑書之件，已畫好，即託吉林帶上。因那夜趕寫，其中一張今晨發覺墨色暗淡，因該紙是上礬，遇墨後成不吸問題。送蘇先生處係小幅，不好意思，乞諒。金文篆本甚佳，當留作參考，不向外送展覽。今歲太原之會，屆擬遊恆岳、五臺及永樂宮，如有可能，請兄為安排，至感！

匆此，即頌

年禧

選堂上
舊曆初五日
辛酉年

（六）一九八一年二月九日

憲通兄：

來函敬悉。值舊曆新歲，學校放假，一切停頓。對兄聘書，校長室尚未辦妥，似尚有一些公文手續。日間取得後，再通過新華社轉去。此研究project是遲至一九八〇年十二月廿七日纔正式通過。因研究所所長方從法京歸來，以致耽擱。上函已詳告，度登文几矣。

囑書之件，已辦妥，即託光裕[1]帶上。因昨夜趕寫，其中一張今晨發覺墨色黯淡，因該紙是上礬，想裱後或不成問題。送蘇先生畫係小幅，不好意思，乞諒。

金文摹本甚佳，當留作參考，不向外透露。今歲太原之會，弟擬遊恆岳、五臺及永樂宮，如有可能，請先爲安排，至感！

匆頌

年禧。

選堂白

舊曆辛酉年初五日

① 張光裕，古文字學家，香港中文大學中文系教授。

附曾憲通一九八一年二月二十四日函

選堂吾師鈞鑒：

昨日奉到由中文大學秘書長梁少光先生簽署之“聘書”一式三份，欣喜無似。“聘書”規定七日内簽字寄回，然港穗郵程歷時五日，恐難如期。因即呈學校領導請示辦理有關手續，今日獲校方同意，但仍需要憑“聘書”辦理若干具體手續，故尚不能簽寄回條。特先函告，請吾師與校方聯絡，乞延緩些時，待手續辦妥即行簽字寄回，至盼。

承我校黄焕秋校長告知，馬臨校長將於下月初訪問中山大學，商談兩校學術交流之事。又言赴港事如按一般出國手續辦理（即由學校報省，轉中央教育部），文件往返約需三個月的時間。如此，則六月方能履職，殊感太遲。前吾師嘗擬通過新華社徑報教育部，倘能辦到，雙管齊下，或可加速手續進程，敬祈設法爲禱。耑此，敬頌

著祺。

生憲通再拜

二月廿四日夜

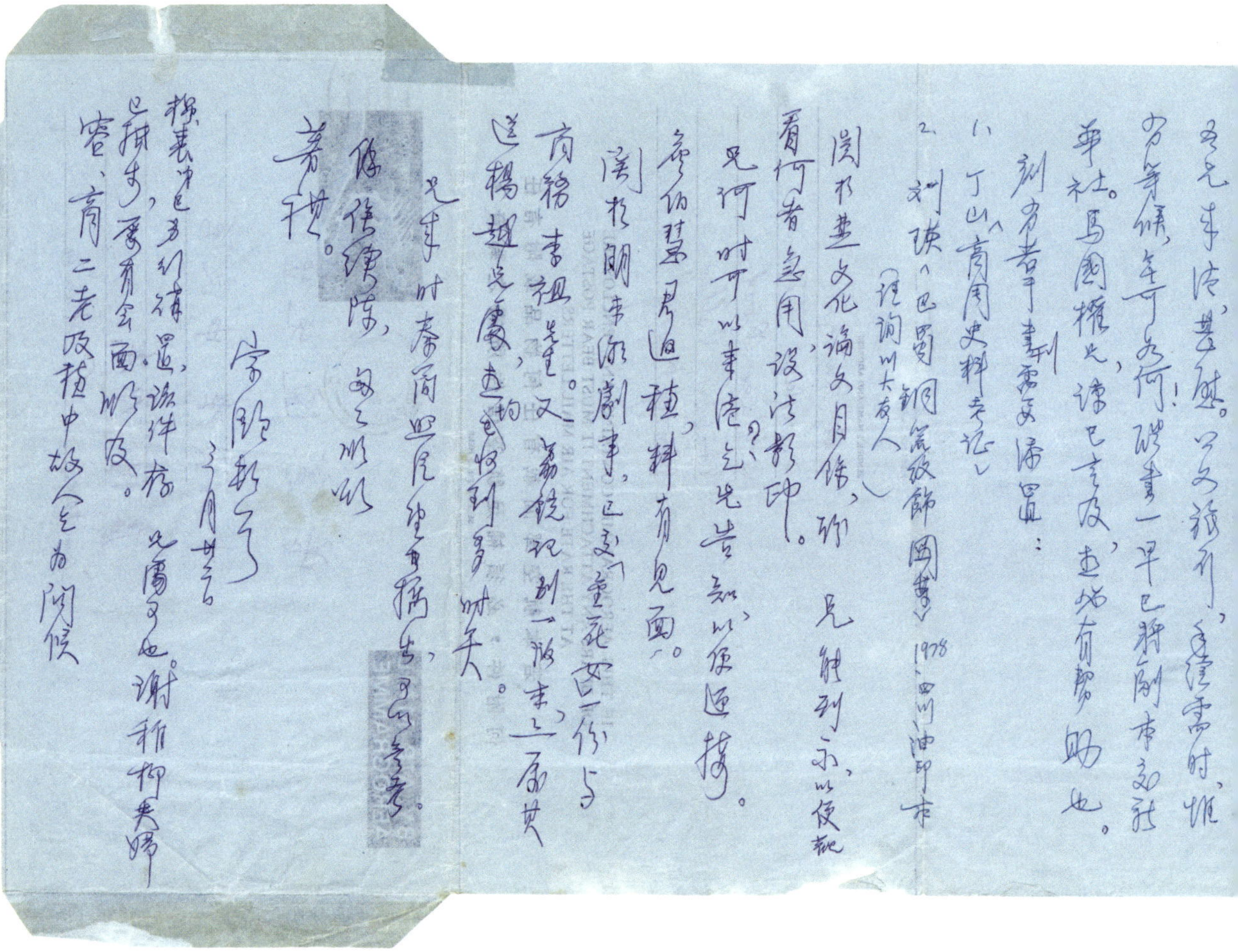

宪通兄：来信，具悉。《文辑》刊，遵嘱时，唯
为筹候，年可如何！照画一幅已转附香港新
华社。马国权兄读已交，连他有赞助也。
训夫者于书刊需要添置：
1、丁山《商周史料考证》
2、刘瑛《巴蜀铜器纹饰图录》1978，四川油印本
（请询川大友人）
阅於巴蜀文化论文目录，乃兄能到示，以便
看何者急用，设法影印。
兄何时可以来港？先告知，以便迎接。
谷约慧君通植料有见面。
阅於明本潮剧事，已交《重花女》一份与
商务李祖基。又葛饶已到一般来，又广英
送杨趙兄处，未得收到多时矣。
兄来时，秦简照片望带携来，可以参考。
顺候
续陈，多多珍重
著祺。
宗颐 顿首 三月廿六
楼某如已另行候选，该件存兄处可也。谢希柳夫妇
已搬走，要有会面联系。
容、商二老及植中拔人乞为问候

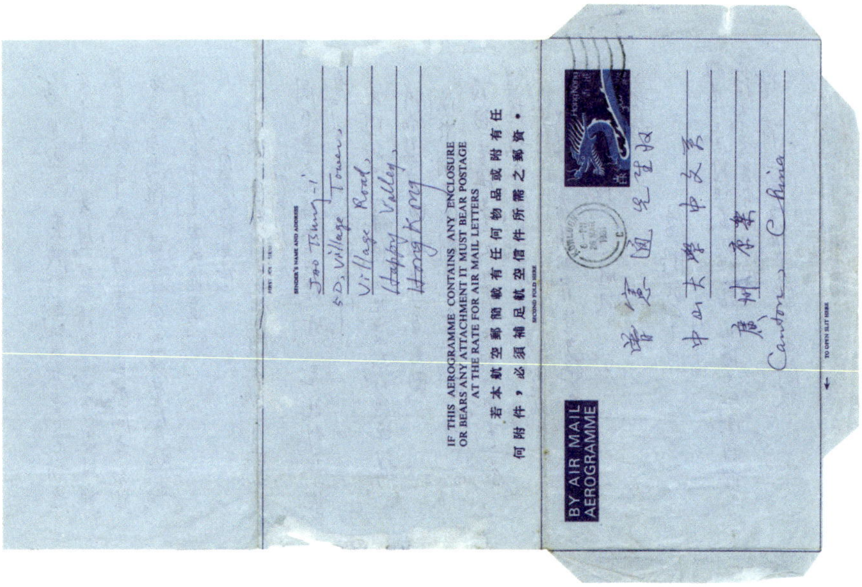

（七）一九八一年三月二十二日

憲通足下：

疊牋均悉。知中大當局已同意吾兄來港，甚慰。公文旅行，手續需時，惟有等候，無可如何！聘書一早已將副本交新華社。馬國權兄諒已言及，想必有幫助也。

刻有若干書刊需要添置：

1. 丁山《商周史料考證》

2. 劉瑛《巴蜀銅器紋飾圖案[①]》，1978，四川，油印本

（請詢川大友人）

關於楚文化論文目録，盼兄能列示，以便觀看何者急用，設法影印。

兄何時可以來港？乞先告知，以便迎接。

詹伯慧君返穗，料有見面。

關於明本潮劇事，已交《金花女》一份與商務李祖先生。又《荔鏡記》別一版本，亦屬其送楊越兄處，想均已收到多時矣。

兄來時，秦簡照片望可攜出，可以參考。

餘俟續陳。匆匆順頌

著祺。

宗頤頓首

三月廿二日

棉裘弟已另行購置，該件存兄處可也。謝稚柳夫婦[②]已抵步，屢有會面。順及。

容、商二老及穗中故人乞爲問候。

---

① “案” 應爲 “録” 之誤。

② 謝稚柳、陳佩秋夫婦，均爲書畫家。

憲通吾兄：拜悉手書，敬聆種切，

弟因武漢訓詁學會之邀，決意參加，以校

方支持，與濮平同行。定於五月四日（星期一）起

第二次直通車第94次，開14時30分（車廂在第6節車廂）

來穗。住宿問題下榻之所，請確定，其時兄來接我，

翌日即北上。訓詁學會召開時間由六日至十日止，完畢

即返港，因手頭部署，併為忙碌。

汕頭大學正式開學之日期已見報，可賀之！

五華山之行，容後與王先生聯絡，

方可附擬至永豐堂之人，希望與其

兩見也。

手書容兄面詳談，匆匆擱筆。

著安。

宗頤拜上 四．廿六

小屯南地甲骨未考已出版之，

信函所附至今未發表，從中請鈔存一份亦可。

中大有人談古文字引用先秦甚為新穎

請告知，錦之梅之弟即至武漢，俾可聯絡。

BY AIR MAIL
AEROGRAMME

IF THIS AEROGRAMME CONTAINS ANY ENCLOSURE OR BEARS ANY ATTACHMENT IT MUST BEAR POSTAGE AT THE RATE FOR AIR MAIL LETTERS

若本航空郵簡載有任何物品或附有任何附件，必須補足航空信件所需之郵資。

SECOND FOLD HERE

TO OPEN SLIT HERE

曾憲通先生收
中山大學中文系
廣州市
Canton, China

饒宗頤
香港…山村道山村大廈5D

HONG KONG 29 AP 1981

（八）一九八一年四月二十五日

憲通吾兄道席：

四月廿日示及張頷[1]先生函均拜悉。各事費神，至謝。

弟因武漢訓詁學會之邀，決意參加。以校方支持，與禮平[2]同行。定於五月四日（星期一）趁第二次直通車第94次開14:55時（車號在6號車廂）來穗。住宿問題下拜2可以確定，甚盼兄來接我。翌日即北上。訓詁學會召開時間由六日至十日止，完畢即須返港，因各事部署，殊爲忙碌。

汕頭大學正式成立，日前已見報，可賀可賀！

五臺山之行，容遲與王方子[3]先生聯絡，有可能仍擬至永樂宮一瞻元人壁畫真面目也。

各事容見面詳談。匆匆祇頌

著安。

宗頤再拜

四、廿五

《小屯南地甲骨》未知已出版否？

信陽竹簡至今未發表，便中請鈔存一份。近見中大有人談古虛字，引用數條，甚爲新穎。

請告知舒之梅兄，弟即至武漢，俾可聯絡。

---

① 張頷，古文字學家，考古學家，曾任山西省文物局副局長兼考古研究所所長。

② 許禮平，時任香港中文大學吳多泰語文研究中心職員，爲《中國語文研究》編輯，後創辦翰墨軒，精書畫鑒藏。

③ 應是王仿子，時任北京文物出版社社長。

王先生及諸同好曲譜之西游記，則
華甚矣！
兄去年港事，書紙附送行寄何？弟自星洲
返港已兩日，對於曾憲通君之探究，
未暇細閱，之梅兄之「鐃鈸全文」可在《音樂研
究》全部刊出，該書今月間可出版，將寄速以
一冊見贈，俾全部研究可以完成，從事此之。
考古學報第二冊刊出貴州清代刻刊佛典
甚有趣。該文頁240云，例如四川西昌大石墓陶
器上的刻符，此事向無紀錄，請即函川大考古
系借給資料為盼！！
楚文化考閩論文，書紙，西德及影印，進行如何？下列三篇
請即為摘錄，交出兄示，因均急需：
①黃展岳（廣東）論廣東之分期及價值。
②湖南博物館某君論「鐸子」新近出土之記錄
③某君論六朝墓誌文中要點

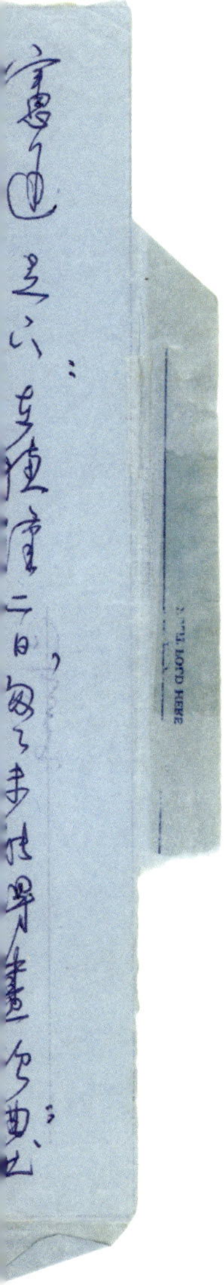

（九）一九八一年六月五日

憲通足下：

在穗僅二日，匆匆未能得盡款曲；然得與群公把晤，上下其論，至感快慰。惜清詞一講，毫無準備，只是信口開河，請王先生[①]及諸同好曲諒之而啓迪之，則幸甚矣！

兄來港事，未知進行如何？弟自星洲返港已數日，對於曾侯乙墓鐘磬之探究，仍未稍懈。聞之梅兄言，鐘銘全文可在《音樂研究》全部刊出，該書六月間可出版，盼促其速以一册見贈，俾全部研究可以完成，企予望之！

《考古學報》本年第二册刊出貴州漢代刻劃符號，甚感興趣。該文頁240云“例如四川西昌大石墓陶器上的刻符”，此事向無所知，務請即函川大貴友，乞其供給資料，至盼至盼！

楚文化有關論文，未知函索及影印進行如何？下列三篇請即爲摘舉要點見示，因均急需：

① 曾廣德（廣東）論廣貢窑之分類及層次。

② 湖南博物館熊君[②]論“錞于”新近出土之記録。

③ 某君論六朝墓誌。（文中要點）

---

① 即王起，字季思，戲曲史專家，時任中山大學中文系古典文學教研室主任。

② 即熊傳新，時任湖南省博物館館長。

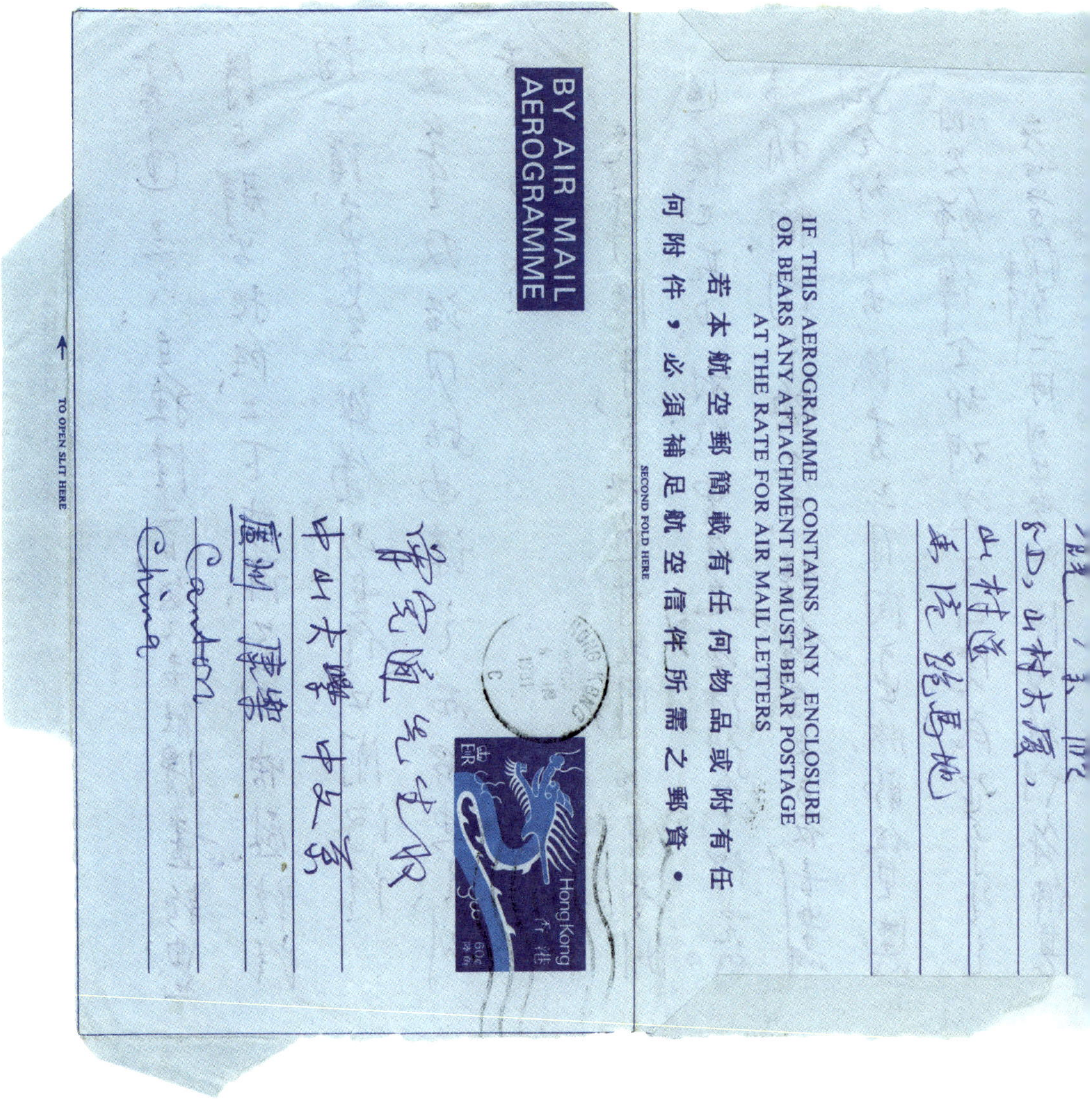
BY AIR MAIL
AEROGRAMME
IF THIS AEROGRAMME CONTAINS ANY ENCLOSURE OR BEARS ANY ATTACHMENT IT MUST BEAR POSTAGE AT THE RATE FOR AIR MAIL LETTERS
若本航空郵簡載有任何物品或附有任何附件，必須補足航空信件所需之郵資。
SECOND FOLD HERE
TO OPEN SLIT HERE
Hong Kong 香港 60c
曾憲通先生收
中山大學中文系
廣州 康樂
Canton
China

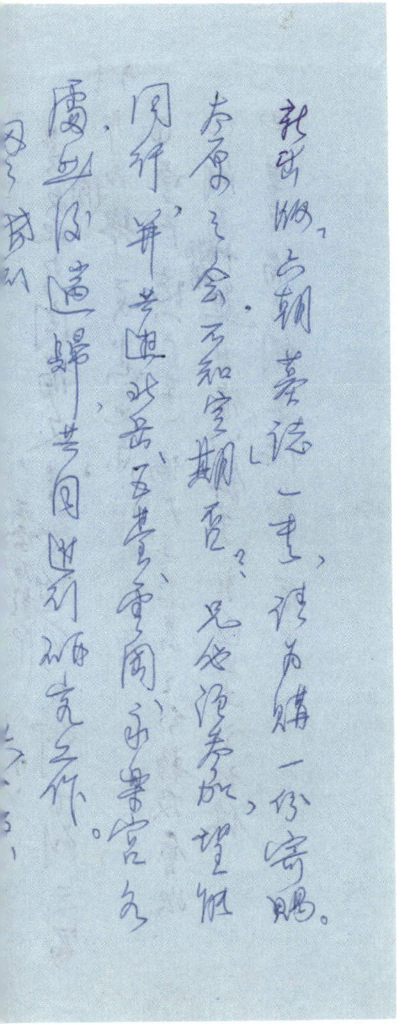
新出版六朝墓誌一書，請為購一份寄賜。太原之會，不知定期否？兄必須參加，望能同行，并共遊北岳、五臺、雲岡、永樂宮各處，然後遄歸，共同進行研究工作。

新出版《六朝墓誌》一書，請爲購一份寄賜。太原之會，不知定期否？兄必須參加，望能同行，并共遊北岳、五臺、雲岡、永樂宮各處，然後遄歸，共同進行研究工作。

匆匆祇頌

儷祺。

宗頤頓首

六、五

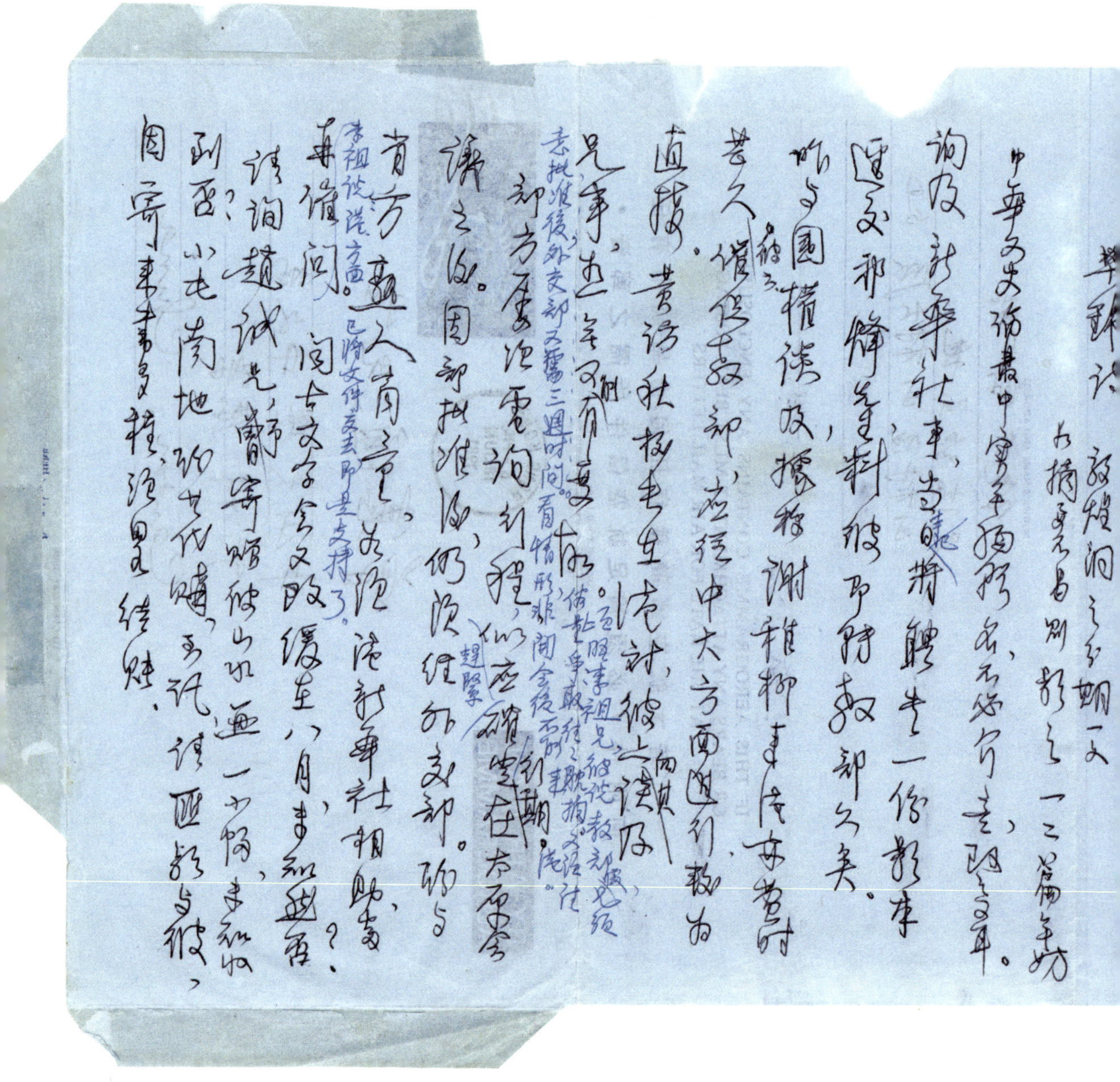

憲通兄：
　[illegible]蝴一文
　大稿[illegible]均[illegible]，一二篇[illegible]
中華文史論[illegible]中華書局[illegible]。
詢及新華社事，[illegible]將聘[illegible]一份[illegible]
[illegible]資料[illegible]教部久矣。
此與國[illegible]及[illegible]
若久，[illegible]部，應經中大方面進行[illegible]為
直接。黃[illegible]校長先生[illegible]，[illegible]
兄事，由[illegible]。
部方[illegible]電詢[illegible]，似應[illegible]在本[illegible]
議之後。國[illegible]部批准後，仍須經外交部。[illegible]
首方通人商之，[illegible]須經新華社相助[illegible]？
華僑問。閱古文字[illegible]緩至八月，未知如何？
請詢趙誠先生，[illegible]寄贈[illegible]一小幅，未知收
到否？小屯南地[illegible]，[illegible]函[illegible]與彼，
因寄來[illegible]種，須[illegible]。

（一〇）一九八一年六月十七日

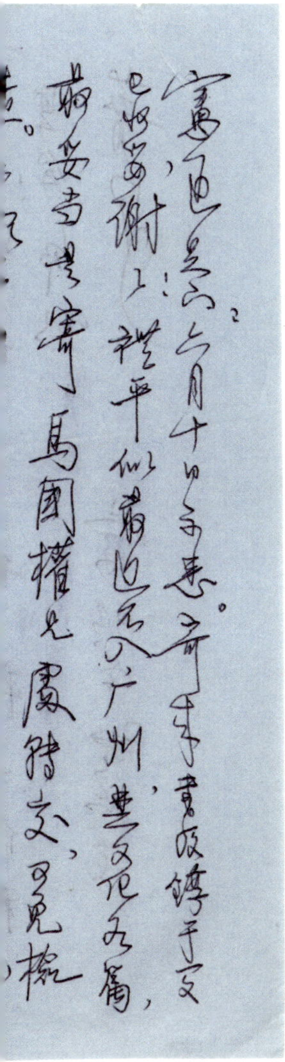

憲通足下：

六月十日示悉。寄來書及“錞于”一文已收妥，謝謝！禮平似最近不入廣州，楚文化各篇，最妥當是寄馬國權兄處轉交，可免檢查。六朝墓志與廣窑二文，承費神摘要，尤感。下列二篇甚需參考：

熊傳新《戰國人物龍鳳帛畫再議》，此文可摘要。

樊錦詩《敦煌洞之分期》一文如摘要不易，則影之一二篇無妨。

《中華文史論叢》中實無編輯名，不必介意，改之可耳。

詢及新華社事，當時已將聘書一份影本逕交祁烽先生，料彼即轉教部久矣。昨與國權談及，據稱謝稚柳來港亦費時甚久。彼云催促教部，應從中大方面進行，較爲直接。黄訪秋[1]校長在港對[2]，彼亦向其談及兄事，想無可能有變故。頃晤李祖兄，彼説教部處，兄須儘量爭取。往往耽擱，又須注意。批准後，外交部又需三週時間。看情形，非開會後不能來港。

部方屢次電詢行程，似應趕緊確定行期，在太原會議之後。因部批准後，仍須經外交部。盼與省方熟人商量，如須港新華社相助，當再催問。李祖説，港方面已將文件交去，即是支持了。

聞古文字會又改緩在八月，未知然否？請詢趙誠兄，予曾寄贈彼山水畫一小幅，未知收到否？《小屯南地》盼其代購，至託。請匯款與彼，因寄來書多種，須略結賬。

---

① 應是黄焕秋，時任中山大學校長。“訪”爲“焕”之音誤（潮州話二字音近）。

② “對”應爲“時”之筆誤。

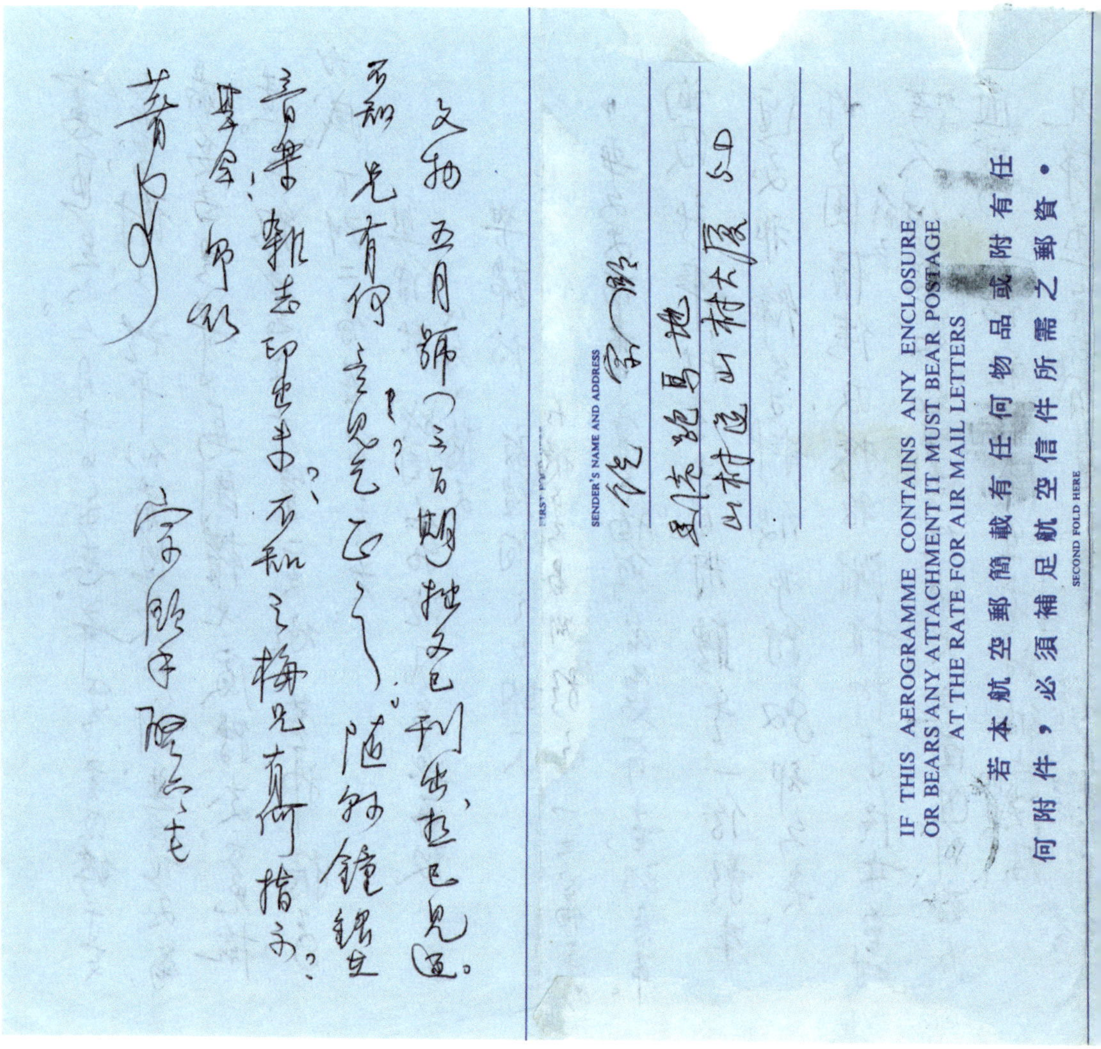

文執：五月歸(三日)期，拙文已刊出，想已見過。不知先有何意見？乞乞隨時鍼砭。音樂雜志印出未？不知之梅兄有何指示？某公，即頌

著安

宗頤手[illegible]

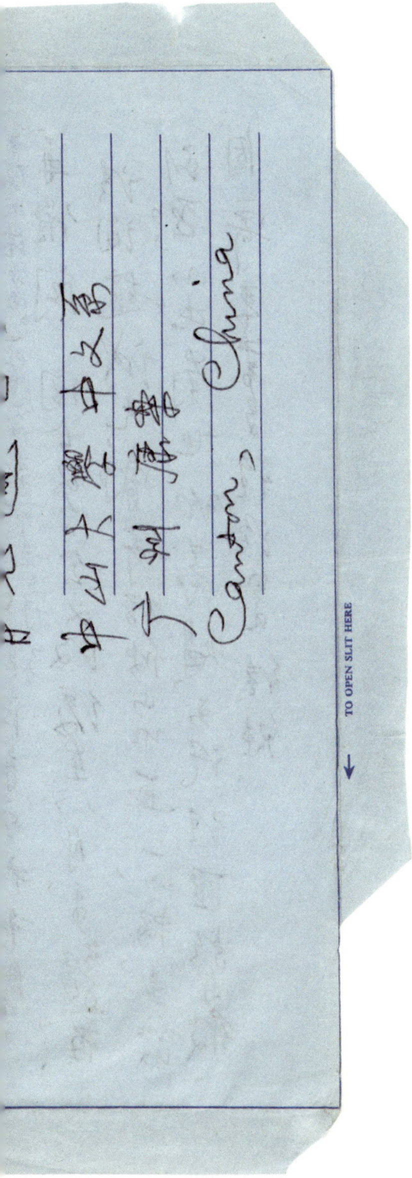

《文物》五月號（三百期）拙文已刊出，想已見過。不知兄有何意見？乞正之。隨縣鐘銘在《音樂》雜志印出未？不知之梅兄有何指示？甚念！即頌

著安。

宗頤手啓

六、十七

……士……十五日……甚精，尤

改訂後極佳。惟末頁附拙綴敦煌卷圖，見從略，有微誤。應改作「法京藏卷伯希和列號4024＋4042」。伯希和原名Paul Pelliot，習慣省稱作P，不是Pages之首。希函趙誠兄，並第六輯加以訂正。

隨新「音樂研究」專號之收到，十分有用。磬銘有些小地方，與我等記錄有微異甚屬，不知何故？裘兄釋文與鄙見頗有歧異，除「揭（鐘）」一字未撤定外，其餘均可照釋。拙作將有三四萬字，擬與「中大」研究所商量，以所內「古文字研究室」名義出一專冊，希望湖北博物館能予支持，提供一些可以發表之銘辭圖版。鑒於該刊影印條件不佳，磬銘圖片擠而不錄，為彌補此缺憾，希譚、舒二公俯允所請。如需要其他條件，可以告知，以便與校方商量，並為先容，並惠告予。僕之江漢三度，如能實現，算不虛此行也。

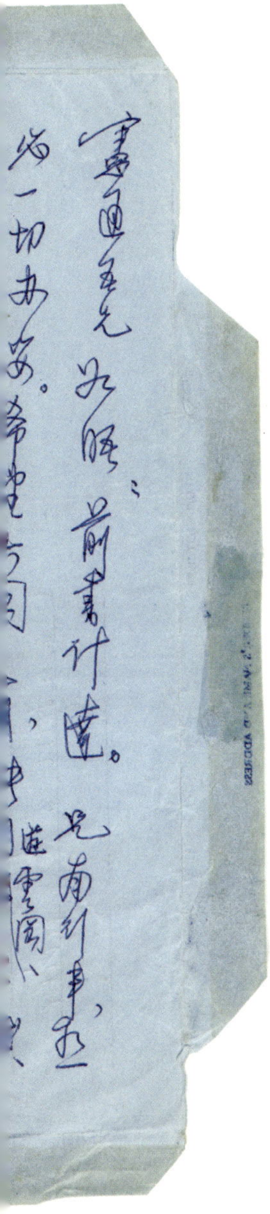

（一一）一九八一年七月二日

憲通吾兄如晤：

前書計達。兄南行事，想必一切辦妥。希望大同之行，能同遊雲岡，登恆嶽、五臺，再至永樂宮，然後一同來港，盼先爲聯絡有關方面。

《古文字研究》各集均已收到，印刷甚精。大作改訂後極佳[1]。惟末頁附拙綴敦煌卷圖片説明，有微誤。應改作“法京藏卷伯希和列號4024+4042”。伯希和原名Paul Pelliot，習慣省稱作P，不是Pages之“頁”，希函趙誠兄，在第六輯加以訂正。

隨縣“音樂研究專號”亦收到，十分有用。磬銘有些小地方，與我等記録有微異處，不知何故？裘兄[2]釋文，與鄙見頗有懸異，除“揭”（鐘）一字未敢定外，其餘均可解釋。拙作將有三四萬字，擬與“中大研究所”[3]商量，以所內“古文字研究室”名義出一專册。希望湖北博物舘能予支持，提供一些可以發表之銘辭圖版。鑒於該刊影印條件不佳，磬銘圖片又擯而不録，爲彌補此缺憾，希譚[4]、舒二公能俯允所請。如需要其它條件，可以告知，以便與校方商量，乞爲先容，并惠告。予僕僕江漢三度，如能實現，算不虛此行也。

---

① 指曾憲通《楚月名初探》,《古文字研究》第五輯，中華書局 1981 年。

② 裘錫圭，古文字學家，北京大學中文系教授。

③ 此處指香港中文大學中國文化研究所。

④ 譚維四，考古學家，曾任湖北省博物舘舘長。

BY AIR MAIL
AEROGRAMME
IF THIS AEROGRAMME CONTAINS ANY ENCLOSURE
OR BEARS ANY ATTACHMENT IT MUST BEAR POSTAGE
AT THE RATE FOR AIR MAIL LETTERS
若本航空郵簡載有任何物品或附有任
何附件，必須補足航空信件所需之郵資。
SECOND FOLD HERE
TO OPEN SLIT HERE
KOWLOON
5-PM
9 JUL
1981
Hong Kong
曾憲通先生
中山大學中文系
廣州康樂
Canton, China

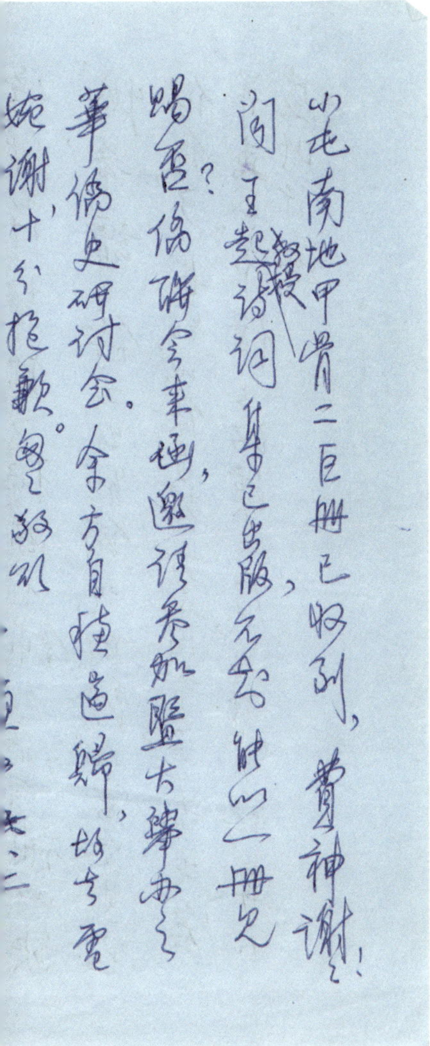

《小屯南地甲骨》二巨册已收到，費神謝謝！聞王起教授詩詞集已出版，不知能以一册見賜否？僑聯會來函，邀請參加暨大舉辦之華僑史研討會。余方自穗遄歸，故去電婉謝，十分抱歉。匆匆敬頌

著安。并候閤府安吉。新魁、家教二兄附爲問候。

宗頤啓

七、二

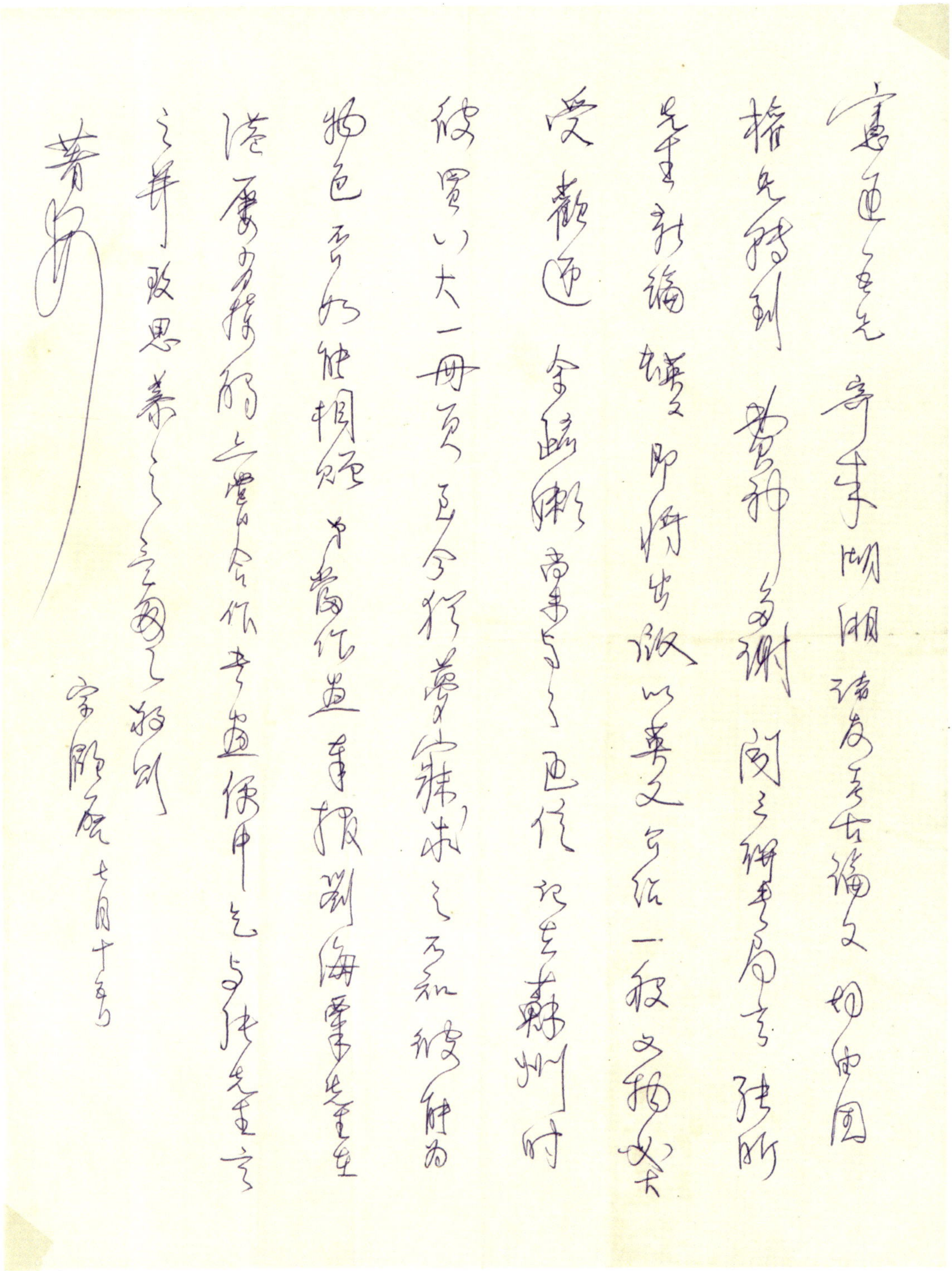

憲通兄：寄來湖湘諸友考古論文，均收到。

請兄轉到黄科，多謝。閱之，稱其字言張所

先生新編《墨經》即將出版，以英文另作一段文稿，必大

受歡迎。今歲聯常來字之函，憶往日遊蘇州時

復買以大一冊頁，至今猶夢寐求之，不知彼能為

物色否？如能相繼，可請作畫，手報劉海粟先生

港處如有接觸，亦當請其作書畫，便中乞與張先生言

之。並致思慕之忱。專此，即頌

著安

宗頤　七月十五日

（一二）一九八一年七月十五日

憲通吾兄：

寄來湖湘諸友考古論文，均由國權兄轉到，費神多謝。

聞三聯書局言張昕先生《新論》（英文本）即將出版，以英文介紹一般文物，必大受歡迎。余疏嬾，尚未與之通信。記在蘇州時，彼買八大一册頁，至今猶夢寐求之，不知彼能爲物色否？如能相贈，弟當作畫奉報。劉海粟[①]先生在港，屢有接觸，亦嘗合作書畫。便中乞與張先生言之，并致思慕之意。匆匆敬頌

著安。

宗頤啓

七月十五日

① 劉海粟，書畫家。

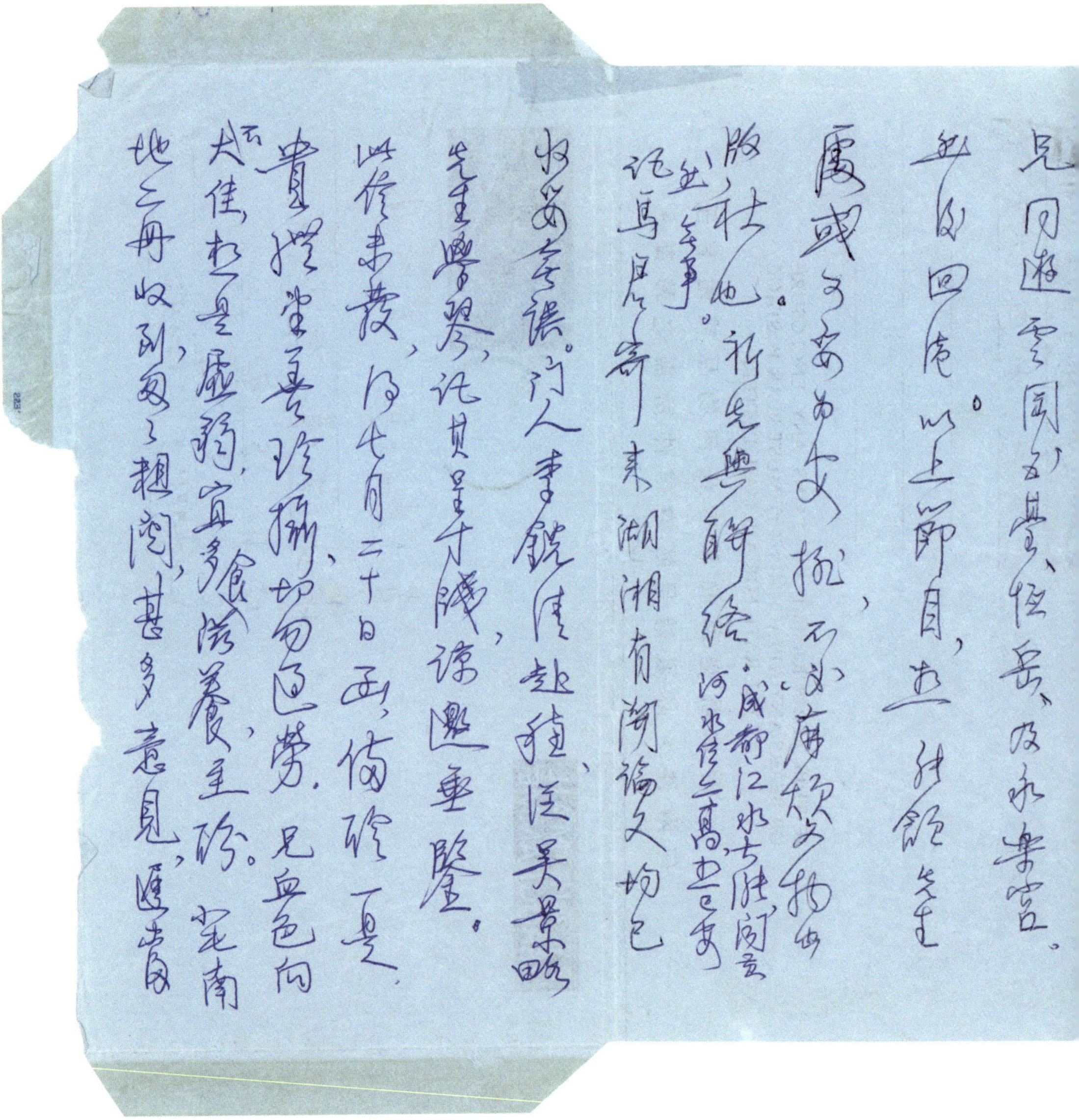

兄同游雲岡、五台、恒岳、及永樂宮。
並得回虎以上節目，並外館先生
處，或可安為安排，不必麻煩領安排由
旅社也。所先無辭給。成都江水古勝，閬云
河水造之高也已甚並希
託馬國寄來湖湘有關論文均已
收妥，季張。門人李銳清赴穗，從吳景略
先生學琴，託其呈寸牋，諒邀垂鑒。
此信未發，得七月二十日函，備聆一是。
貴體當是珍攝，切勿過勞。兄血色向
云大佳，顏是虛弱，宜多食滋養，至珍。寄南
地之冊收到，多了翻閱，甚多意見，選堂

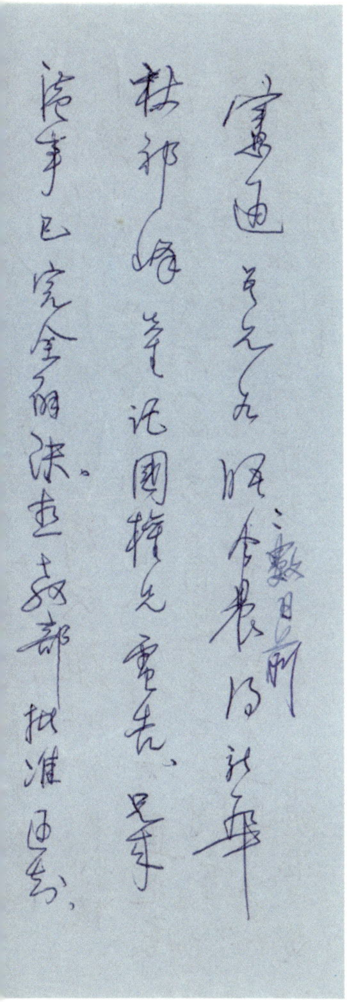
憲通吾兄如晤：數日前得新華社祁峰先生託國權兄電告。兄來港事已完全解決。想教部批准通知

（一三）一九八一年七月二十四日

憲通吾兄如晤：

數日前得新華社祁峰先生託國權兄電告，兄來港事已完全解決。想教部批准通知，必久到達廣州。相見在邇，忭慰無量！

山西之行，尚不知定在何日？甚望與兄同遊雲岡、五臺、恆岳，及永樂宫，然後回港。以上節目，想張頷先生處或可妥爲安排，不必麻煩文物出版社也。祈先與聯絡。

成都江水大漲，聞黄河水位亦高，想已安然無事。

託馬君寄來湖湘有關論文均已收妥無誤。門人李鋭清[1]赴穗，從吴景略[2]先生學琴，託其呈寸牋，諒邀垂鑒。

此信未發，得七月二十日函，備聆一是。貴體望善珍攝，切勿過勞。兄血色向不大佳，想是虚弱，宜多食滋養，至盼。《小屯南地》二册收到，匆匆粗閲，甚多意見，遲當

① 李鋭清，饒公學生，治古典文學，曾執教香港中文大學中文系。

② 吴景略，古琴演奏家。

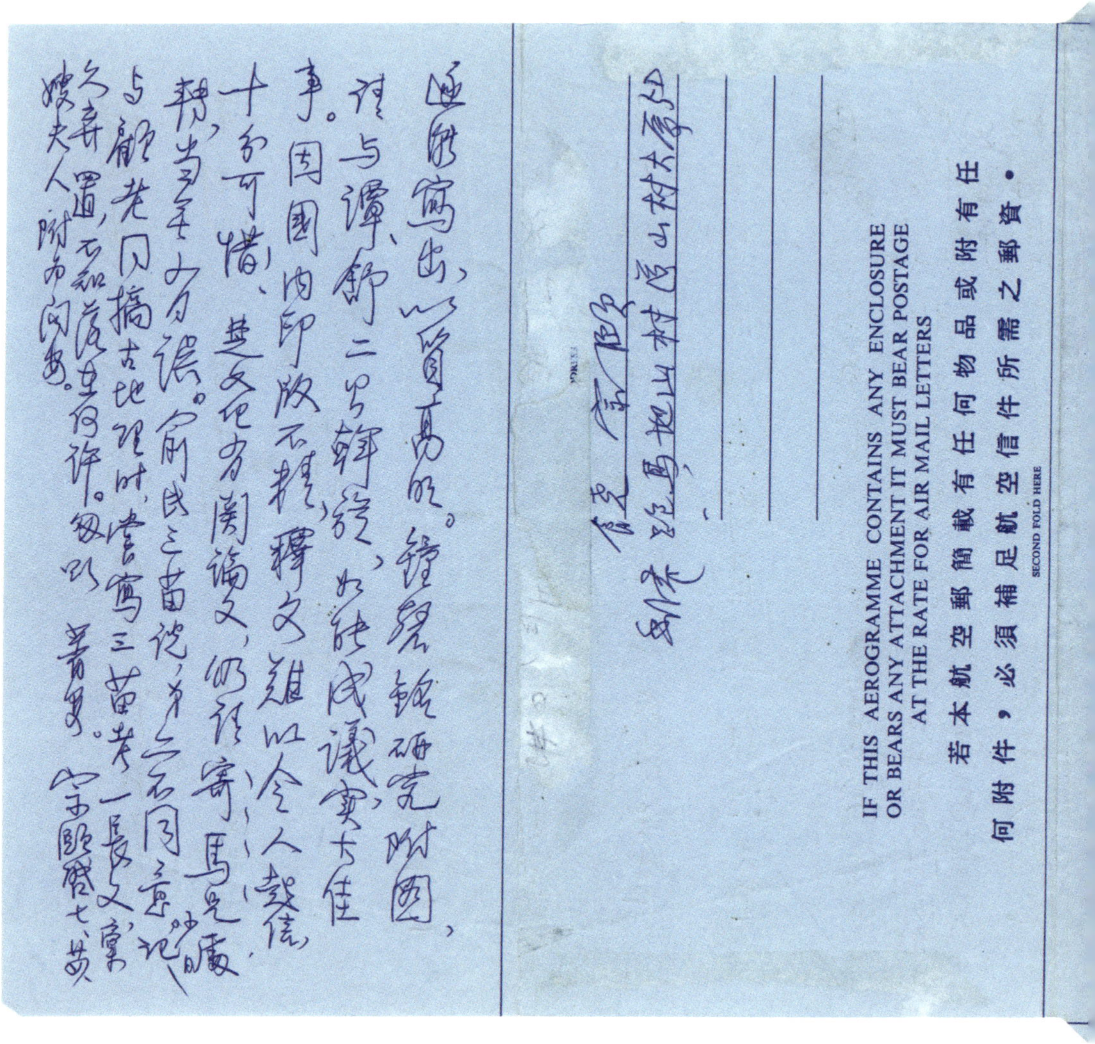

通斜寫出，以留真面。鐘鼎銘研究附圖，
請與譚、饒二兄聯絡，如能成議，實大佳
事。因國內印版不精，釋文雖以今人襲信，
十分可惜。楚文化有關論文，收到寄馬兄處
轉，出書尚有期。前說三苗說，弟亦不同意。記少日
與顧老同搞古地理時，嘗寫三苗考一長文，稾
久棄置，不知落在何許。匆此 並頌
著安。
宗頤啓 七、廿
嫂夫人附筆問安。

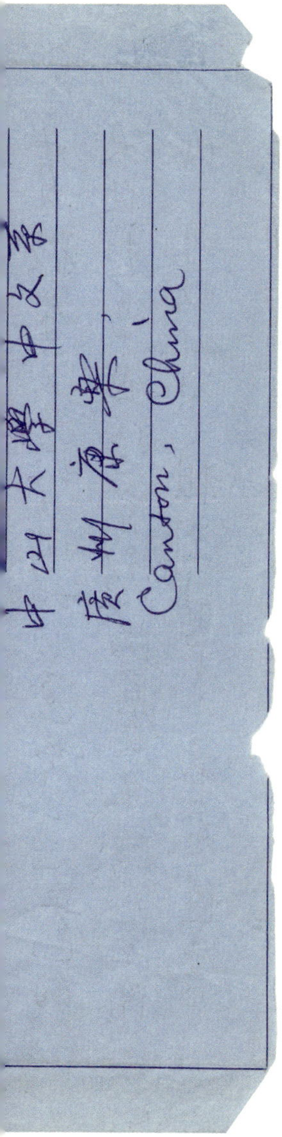

逐漸寫出，以質高明。鐘磬銘研究附圖，請與譚、舒二公斡旋，如能成議，實大佳事。因國内印版不精，釋文難以令人起信，十分可惜！楚文化有關論文，仍請寄馬兄處轉，當無有誤。俞氏③三苗説，弟亦不同意。記少日與顧老同搞古地理時，嘗寫《三苗考》一長文，稿久棄置，不知落在何許。匆頌

著安。嫂夫人附爲問安。

宗頤啓

七、廿四

③ 俞偉超，考古學家，所撰《先楚與三苗文化的考古學推測》(《文物》1980 年第 10 期）主張楚人與三苗的先祖同源。

〇六日接示，所作表之言多不確，譯出原作參考，對天理本流傳原委或有用；其他則不必采錄。

選堂集林 弟擬收下列各篇：

1、天問文體的源流
2、新莽職官考
3 安荼論　日鳴月朗解
4 老子想爾注考略
5 蜀布與Cinapatta
6. 北魏馮熙與敦煌寫經
7. 華梵經疏體例同異
8 論釋氏之昆侖說
9、達嚫國考
10、牟度及其言史考
11、穆護歌考（摘錄增訂）
12、從石刻論武后之宗教信仰
13、論七曜與十一曜
14、蒲甘國史事零拾
15、補宋史鄧光薦傳
16、說鵃　說鵰（節錄）
17、金趙城藏本法顯傳題記
18 說郛新考
19 李鄭屋村磚文考釋
20 星馬華文碑刻

不知守兄之意見如何？《前言》人選，尚有季羡林先生亦可請其寫序。因拙著多論及中、印問題，彼為出色當行。《文選堂集林》一書，頤早已贈彼一冊，不必寄、高弟彼已認識。季氏為敦煌吐魯番學會會長，交誼至深，請其介紹，正甚合適。如上列各篇可以采入，望即函覆，當將改訂本託人送上備用。將來可由守兄先函季老告知此事，弟亦另函奉陳。至錢默存先生處，候全書齊集，再與商量，亦未遲也。惟足下必須有一文，其間若干事實可借機筆記述。

頤 頓首

（一四）一九八四年一月二十日

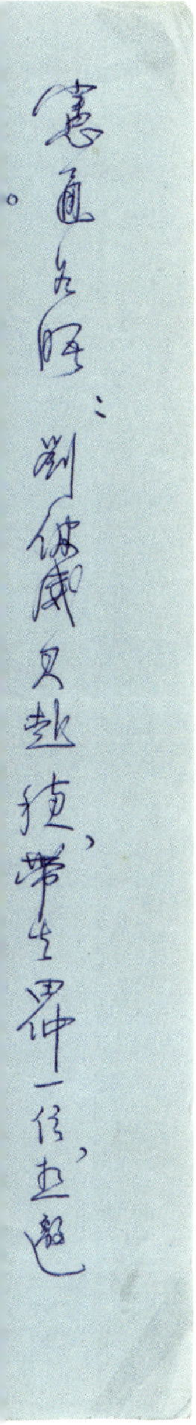

憲通如晤：

劉健威[1]君赴穗，帶去田仲[2]一信，想邀台鑒。出版社既決定邀請其提供資料，則弟當再函覆，聽其稍遲著筆無妨。并請設法供給底片。田仲函望寄回，最好出版社亦附公函，當爲轉去。

天理本之日文説明，據龍彼得君云，言多不確。譯出後可作參考，對天理本流傳原委或有用；其他則不必采録。

《選堂集林》弟擬收下列各篇：

1.《天問文體的源流》
2.《新莽職官考》
3.《安荼論》、《耳鳴目瞤解》
4.《老子想爾注考略》
5.《蜀布與Cinapaṭṭa》
6.《北魏馮熙與敦煌寫經》
7.《華梵經疏體例同異》
8.《論釋氏之昆侖説》
9.《達嚫國考》
10.《樂産及其著述考》
11.《穆護歌考》（摘録增訂）
12.《從石刻論武后之宗教信仰》
13.《論七曜與十一曜》
14.《蒲甘國史事零拾》
15.《補宋史鄧光薦傳》
16.《説蜑》、《説鵃》（節録）
17.《金趙城藏本法顯傳題記》
18.《説郛新考》
19.《李鄭屋村磚文考釋》
20.《星馬華碑刻繫年前言》

不知守爲[3]兄意見如何？《前言》人選，尚有季羡林[4]先生，亦可請其寫序。因拙著多涉及中、印問題，在彼爲出色當行。又《選堂集林》一書，頤早已贈彼一部，不必寄稿，彼已認識。季氏爲敦煌吐魯番學會會長，交誼至深，請其介紹，正甚合適。如上列各篇可以采入，望即函覆，當將改訂本託人送上備用。將來可由守爲兄先函季老，告知此事，弟亦另函奉陳。至錢默存[5]先生處，候全書稿具，再與商量，亦未遲也。惟足下必須有一文。其間若干事實，可借椽筆記述。

---

① 劉健威，香港作家。

② 田仲一成，日本漢學家，東京大學教授，長於中國戲劇研究。

③ 胡守爲，歷史學家，中山大學歷史系教授，時方爲饒公編選論文集，後於 1993 年由上海古籍出版社出版《饒宗頤史學論著選》。胡氏後曾任副校長，故饒公信中或稱“胡校長”。

④ 季羡林，東方學家，語言學家，北京大學教授。後應邀爲《饒宗頤史學論著選》撰寫長序，對饒公學術成就推崇備至。

⑤ 錢鍾書，字默存，文學家。

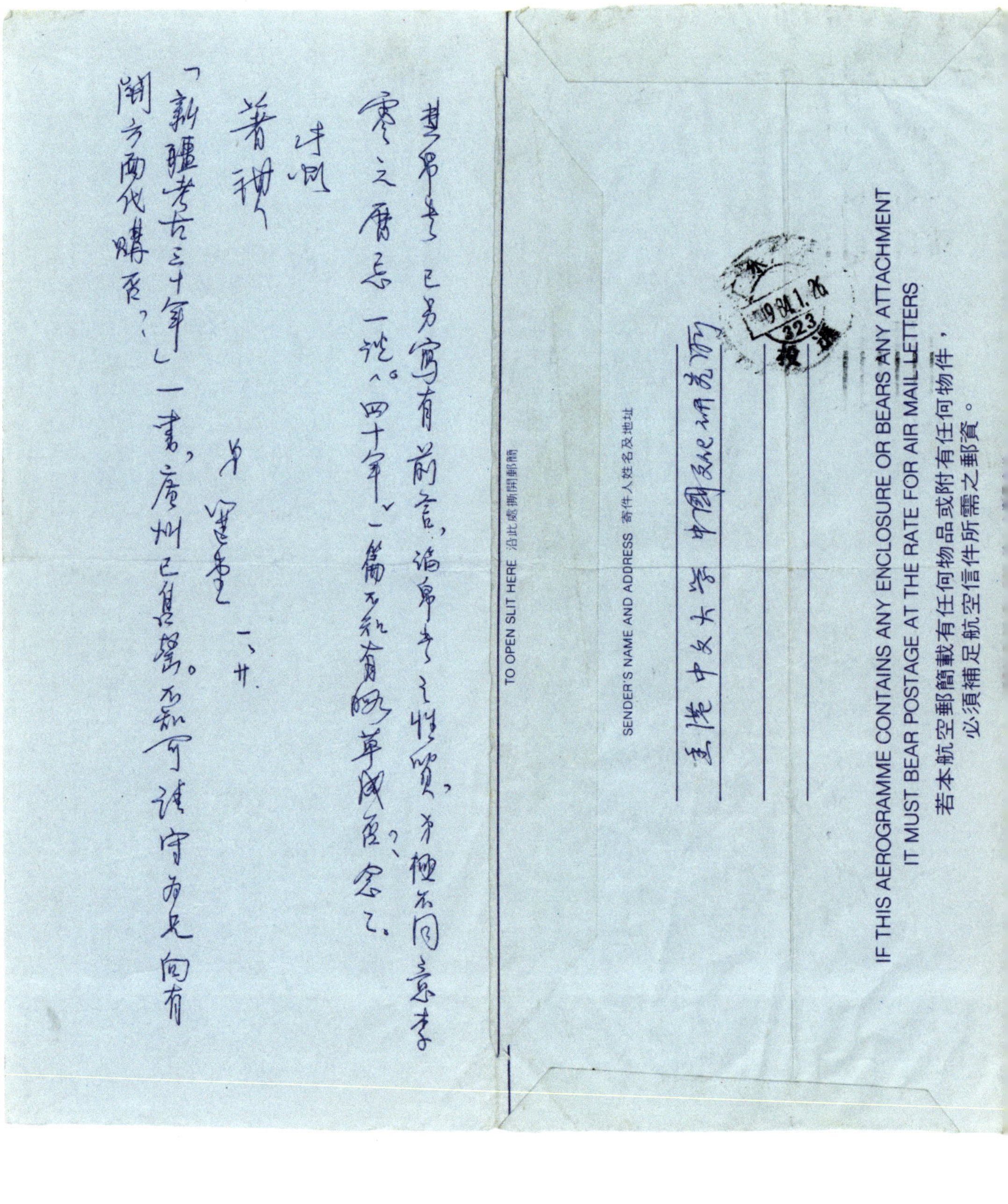

楚帛書已另寫有前言，論帛書之性質，并極不同意李零之曆忌一說。〈四十年〉一篇不知有暇草成否？念念。

即問

著祺

弟 選堂 一、廿。

「新疆考古三十年」一書，廣州已有售。不知可請守為兄向有關方面代購否？

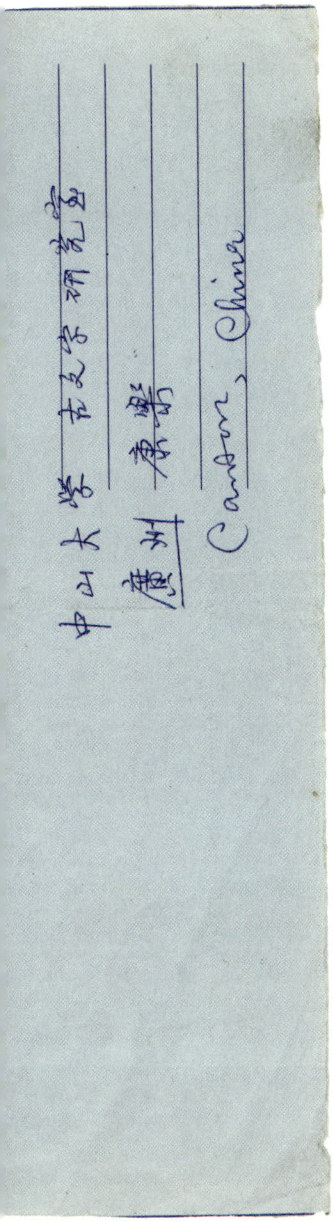

《楚帛書》已另寫有前言，論帛書之性質，弟極不同意李零[⑥]之曆忌一説。《四十年》[⑦]一篇不知有暇草成否？念念。

此頌

著祺。

弟選堂

一、廿

《新疆考古三十年》一書，廣州已售罄。不知可請守爲兄向有關方面代購否？

---

⑥ 李零，古文字學家，所著《長沙子彈庫戰國楚帛書研究》（後於1985年由中華書局出版）力主楚帛書與曆忌之書有關。

⑦ 指曾憲通當時正在撰寫中的《楚帛書研究四十年》一文。

憲通兄如晤：寄來書八通先後收妥，費神至謝。

楊先生處寫字因紙條失去，請再將人名開示，以便照辦。中大研究所書，數日間可寄也。悉張伸篇已寄。

常宗豪兄數日前赴穗，去中大講現代文學，不知晤面長談否。餘不一一，容續陳，即頌

年禧

宗頤手啓

（一五）一九八四年一月二十三日

憲通吾兄如晤：

寄來書八包先後收妥，費神至謝。

楊先生囑寫字，因紙條失去，請再將人名開示，以便辦理。中大研究所長數日間可返港，該件當可辦寄。

常宗豪[①]兄數日前赴穗，在中大講現代文學，不知晤面長談否？

餘不一一，容續陳。即頌

年禧。

宗頤手啓

① 常宗豪，香港中文大學中文系教授。

十六日手書悉。人民出版社函西書為照轉。選堂集林可入選文章宜寄為見列。弟以便將
路丘章來上。候楊樹達先生遺稿依託其所改北京中華照排出版事宜之事，則我等新著
亦由港蓋出單出版。尊見甚是。請饒鍔存先生撰文事，俟与之頌商之後，以只可
寫經序至於校讎考之前言似以之兄為宜。因我們相處二載以上，相知更深，此說
話更為詳切。在此此時呼
貴黃校書傾談至快。乞
於
為致候
並祝
年釐
宗頤

殷代人面方鼎銘曰大禾亦大有年也可讀為太和易乾卦保合太和乃利貞
選堂識

（一六）一九八四年二月[1]

十二日示拜悉，人民出版社兩函當爲照轉。《選堂集林》可入選文章，望守爲兄列示，以便將改正稿奉上。候楊樾兄莅港後託其轉致。北京中華既將出版李零之書，則我等新著交由港藍真[2]先生出版，尊見甚是。請錢默存先生撰文事，俟與之磋商，想彼只可寫短序。至於較詳盡之前言，似以吾兄爲宜，因我儕相處二載以上，相知至深，説話更爲深切。在汕頭時晤貴校黄校長，傾談至快，乞爲致候。

恭祝

年釐。

宗頤賀

① 此信書於賀年卡片上。據内容推定在 1984 年 2 月中下旬，且應在 26 日之前。

② 藍真，原名藍宗民，革命家，出版家，時任香港三聯書店、中華書局、商務印書館總管理處總經理。

悰兄：收到 示附函与前稿均悉。此全书已完成，只欠一事。

「女（如字）」「勿（彦）」皆卸作，又实之行（上一句）确为易。彦字作「川」

「数叚」「勿（读书白尽）」与此勿字形同。「紫」为婁字，不从「求」，紫

上半同，此从市（即韍），从市与衣系同意，当释婁字。「皋」字从倒首，

即皋。「𣝣增中寿」「頣形」，取皋形之义。「文皋」，现有「皋息」，「𣝣滓」括

「皋帥」，「祖奠原之训为天下皋」，「皋帥」猶言「皋旅」。常云「捭盗」，形音

之合。其作各篇作说明，都印一份以备参考。

「兄著」「帛书字表」，望 兄着手写定，由 兄手缮，付影印自碑

定候，禮平函告，務請早日付印，是否请 廣文王写正，候再商

議。「三千字」，能於本一月间完成。

「吴王夫差自作用鉦」一字，外间报刊已有披露，鉦字见

广韵十九铎：「鉦，镈也，吴人云也」，镈字见於说文，此为吴言与书

文正合，不知国内书家作何解说？

已去函杨越兄，嘱照记韵，及如便，候兄函交回，不寄去

以免有误。田仲前日来沪，已答应携稿。

代购文物、考古之书，又请代订本年之考古学报，所费若干示知。

日后兄以该或留沪完用，聊示之。

我将於三月六日往上海，至江南赏梅，再至天台、雁荡，或赴宁波一行，参观

天童寺及天一阁，大约十三日回沪。杨越兄到沪时间，需决定否？顺好

候我回沪之后，所需之事再告知。安以

著安

宇頤手瑆 二月廿三

（一七）一九八四年二月二十六日

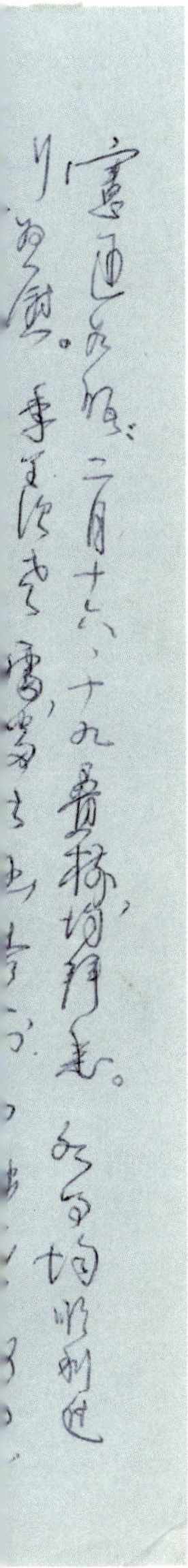

憲通如晤：

二月十六、十九疊椾均拜悉。各事均順利進行爲慰。

季羡老處，當去函告知，爲拙作出版事，請其著筆。《選堂集林》二十篇，候楊樾兄到港後，託其帶上。如有便人，可能更先送去。或交吴主任。

《楚帛書》余已續草就《帛書十二月名與爾雅》、《楚帛書内涵及其性質試説》、《楚帛書之書法藝術》等篇。惜兄返穗，不能面與商榷爲悵。然全書已完成，可了卻一事。“女（如）曰[illegible]（亥）隹邦所，五宎之行”一句，確不可易。亥字作“[illegible]”（敼毁）[illegible]（虢季白盤），與此[illegible]字形同。[illegible]爲素字，石經素作[illegible]，上半同。此从市（即韍），从市與从糸同意，當釋素。[illegible]字从倒首，即梟；[illegible]增戈旁增形，取梟斬之義。“[illegible]”謂有梟鳥，“[illegible]率”指梟帥。《淮南·原道訓》“爲天下梟”。“梟帥”猶言“梟雄”。李零釋盜，於形音不合。拙作各篇候謄清影印一份，以供參考。

兄著《帛書字表》[①]望著手寫定，由兄手繕。行款如何確定，候禮平函告。盼能早日付印，是否請廖先生[②]寫正，候再商議。《三十年》[③] 盼能在一月間完成。

“吴王夫差自乍甬鉡”一戈，外間報帋已有披露。鉡字見《廣韻》十九鐸：“鉡，鉹也。吴人云也。”鉹字見於《説文》。此爲吴言，與戈文正合。不知國内專家作何解説?

乞告知楊樾兄：存《琵琶記》影片數張，候見面交回。不寄去，以免有誤。田仲前日來港，已答應撰稿。

代購《文物》、《考古》各書。又請代訂去歲之《考古學報》，所費若干？應如何匯還，或留港它用，盼示知。

我將於三月六日往上海，至江南賞梅。再至天台、雁蕩，或赴寧波一行，參觀天童寺及天一閣，大約十三日回港。楊越兄到港時間，不知決定否？最好候我回港之後，所差只有數日。匆頌

著安。

宗臣手啓

二月廿六日

---

① 指曾憲通所撰《楚帛書文字編》。

② 廖蘊玉，書法家，供職中山大學古文字研究室，爲《楚帛書》等書的抄寫者。

③ “《三十年》”當是“《四十年》”之誤。

建華兄：所述進度甚快，已做好第八冊，本年度內必可全部完成卜辭通檢初步工作。南地有將易縞譯文一份，甚是幸。周原卜辭未悉以何者最為可據乎？偉湛兄近況想佳，為之念念。
亦請轉致書意為問候。守為兄均此問候。頤

SENDER'S NAME AND ADDRESS 寄件人姓名及地址
香港中文大學 饒宗頤

FIRST FOLD HERE 第一次摺疊在此

IF THIS AEROGRAMME CONTAINS ANY ENCLOSURE OR BEARS ANY ATTACHMENT IT MUST BEAR POSTAGE AT THE RATE FOR AIR MAIL LETTERS
若本航空郵簡載有任何物品或附有任何物件，必須補足航空信件所需之郵資。

SECOND FOLD HERE 第二次摺疊在此

AEROGRAMME

Hong Kong 香港 $1

HONG KONG 8-PM 27 FEB 1984

曾憲通 教授 收
中山大學 古文字研究室

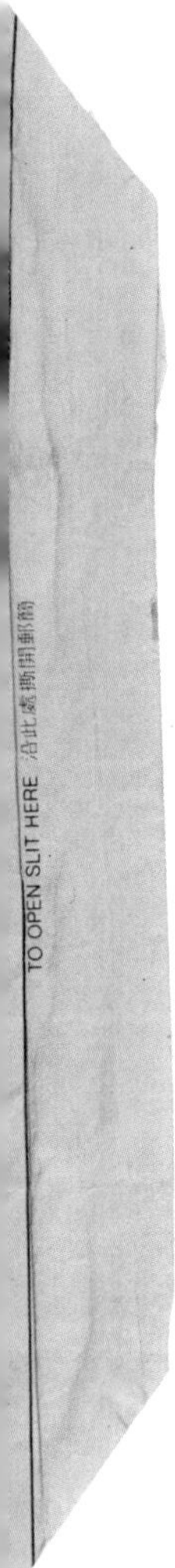

建華[4]工作進度甚快，已做好第八册，本年夏間，必可全部完成《卜辭通檢》[5]初步工作。南地有柯昌濟釋文一份，甚草率。周原卜辭本，現以何者最爲可據？乞示。偉湛[6]兄近況佳否？希爲道念。黄焕秋校長望爲問候。守爲兄均此致謝。又及。

---

④ 沈建華，古文字學家，沈之瑜女，助饒公編纂《甲骨文通檢》（全五册），後於1989—1999年由香港中文大學出版社出版。

⑤ 指《甲骨文通檢》。

⑥ 陳煒湛，古文字學家，中山大學中文系教授。饒公信中或寫作“偉湛”。

INSTITUTE OF CHINESE STUDIES
THE CHINESE UNIVERSITY OF HONG KONG
SHATIN, THE NEW TERRITORIES, HONG KONG. TELEPHONES: 12-612211

香港中文大學
中國文化研究所
香港新界沙田・電話：一二—六一二二一一

Reference:

憲通吾兄：

昨函並登　台覽。祀平寄去"字表"書寫格式，並已收到。鄧偉雄將於本月九日（星期五）赴穗，寓東方賓館三天。弟交其帶上（一）「選堂集林」所定本三冊，内有賭發改增註。（二）楚帛書拙稿三篇影本，如來不及，彼必留交畫家吳灝（子玉）兄處，所與研絡。地址：珠光路147號二樓，希親往領取。收到，懇示及。帛書新記原文，已請人鈔出，略有修訂。

胡守為兄寄來"新疆考古三十年"一厚冊，已收妥。乞代致謝。蘭州大學牛龍菲君考證敦煌研究所所藏一枚有元嘉二年紀年之簡，内有樂譜，與日本天平琵琶譜相同。此一消息，報導已刊布，不知穗垣史學界有無此一資料，如有照片影本，祈檢寄，以供參考，為感。

《文史》第二十冊，想已出版。港中尚未見。此文懇收入守為兄編之拙著，希留意。匆此

著祺

宗頤手泐　三、五

（一八）一九八四年三月五日

憲通吾兄：

昨函想登台覽。禮平寄去《字表》書寫格式，想亦收到。

鄧偉雄將於本月九日（星期五）赴穗，寓東方賓館三天。兹交其帶上（一）《選堂集林》改定本三册，内有貼簽及增注。（二）《楚帛書》拙稿三篇影本。盼與聯絡。如來不及，彼必留交畫家吴灝（子玉）[1]兄處，地址：珠光路147號二樓，希往領取。收到，懇示及。《帛書新證》本文，已請人鈔正，略有修訂。

胡守爲兄寄來《新疆考古三十年》一厚册，已收妥。乞代致謝忱。蘭州大學牛龍菲[2]君考證敦煌研究所所藏一枚有元嘉二年紀年之漢簡，内有樂譜，與日本天平琵琶譜相同。此一消息，報端已刊布，不知穗垣史學界有無此一資料，如有照片影本，祈檢寄，以供參考爲感。

《文史》第二十册，想已出版。港中尚未見。此文欲收入守爲兄編之拙著，希留意。匆頌

著祺。

宗頤手泐

三、五

① 吴灝，字子玉，書畫家。

② 牛龍菲，音樂史研究者，時任職蘭州大學歷史研究所。

宪通吾兄：

三月十五日手书拜悉一一。

杨钧兄来港，带到文物、考古各册，均拜收，谢谢！

阁前为我代购考古各书，望示以所需费用，俾可汇还，或兄下次抵港时再算。

季羡林教授亦来函，表示乐意撰序。他询及所收篇目及其它资料，已覆告经由学勤兄寄去，务将目录副一份赐示，俾可查考。此事字颖兄鼎力支持，弟至感谢，乞为致意。伯勋兄赴东京，实大佳事，未知已就道否？几时返国，未知有可能经港一行否？

兄聘约书已寄收，望争取依时到港。"字表"经兄自行缮写，在排作之篇中，不知有无经改订处，希勾出来，有二三字弟仍坚执旧说，亦希细心勘正。

帛书新记及字稿十二月尾在港请人钞正，已在进行中。此书望本年内可以面世，了一段公案。

史华之作，有陈延赞得回港，希望能在北京继续，使"通检"部分可以完成，不识赵诚兄有可能为之安排否？一篑之功，难希于成，天下事往往如此！伟湛兄近日工作如何？请为问候。

近日张政烺先生寄来"文物"本年第三期，马王堆周易释文已正式发表。张先生有提供意见，并有若干不同看法，容另写出。旧作论殷易，原在《文史》第20期发表，港中未见，不知已印行否？便祈见告。上月至浙东旅行，游天台、雁荡，又至天一阁，参观宁波古迹，得益不少。

宗颐 顿首

四月十二日

（一九）一九八四年四月十三日

憲通如晤：

三月十五日示拜悉一一。

楊越兄來港，帶到《文物》、《考古》各册，均拜收，謝謝。

關於爲我代購《考古》各書，望示以所有費用，俾可匯還；或兄下次抵港時再算。

季羡林教授亦來函，表示樂意撰序。惟詢及所收篇目及其它資料，已覆告，經由守爲兄寄去，盼將目録影一份賜示，俾可查考。此事守爲兄鼎力支持，萬分感謝，乞爲致意。伯勤[①]兄赴東京，實大佳事。未知已就道否？異時返國，未知有可能經港一行否？

兄聘約想已妥收。望爭取依時到港。《字表》須兄自行繕寫。在拙作三篇中，不知有無須改訂處，希勿客氣。有二三字弟仍堅執舊説，盼能細心勘正。

《帛書新證》及《爾雅十二月名》，在港倩人鈔正，已在進行中，此事望本年内可以面世，了一段公案。

建華工作，無法延續，只得回滬。希望能在北京繼續，使《通檢》部分可以完成，不知趙誠兄有可能爲之安排否？一簣之功，難底於成，天下事往往如此！偉湛兄近日工作如何？請爲問候。

近日張政烺先生寄來《文物》本年第三期，馬王堆《周易》釋文，已正式發表。張先生囑提供意見，弟有若干不同看法，容另寫出。舊作《論殷易》，原在《文史》第20期發表，港中未見，不知已印行否？便盼見告。

上月至浙東旅行，陟天台、雁蕩，又至天一閣，參觀寧波古蹟，得益不少。

宗頤啓

四月十三日

① 姜伯勤，歷史學家，中山大學歷史系教授，主攻敦煌學。

憲通吾兄：

得五月九日信，甚為喜慰！

茲有三事，煩為轉達：

① 楊越先生寄來複印潮州賦文，已收到。另函先行與有關同志談決該書進行出版及最後決定等事，在我方面完全同意。拙序當逕行草擬，再寄去。尚未再回信，乞諒！

② 代多謝張政烺、裘錫圭二教授並贈會議論文。

③ 王貴忱先生贈書多種，請為道謝。

年前張來，不好意思，弟在蘭州認識此君，曾勸其將論自己意見，應該考慮，並改著筆。因報端刊布，故以為可信。如是，則置之可耳。

大作《四十年》已完成，甚為高興，為帛書研究作一大總結，的是功德無量。續寫第三卷與兄再商定。《字表》已得饒先生過錄，吳主任最近想可抵港，可以爭取時間，甚喜。不知兄能一同帶來，趕得及否？兄來港時間，希望能在七月以前。我準備七月中旬（十四日）去歐洲，行期兩個禮拜（詳細尚未可確定），七月廿九日回港。

拙著承守齊兄費神編集，十分感激！見示目錄所缺文篇，答覆如下：

殷商一文，今已在《文史》20期刊出，列為首篇，我已收到中華寄來該雜誌。料廣州必可看到。

北魏馮熙……，漢世國史事，補宋史鄧光薦傳，李鄭屋村碑文考釋　此四篇均見《選堂集林》書內，且已修訂過，請守齊兄翻閱該書，便可見到。

（二〇）一九八四年五月十一日

憲通吾兄：

得五月九日信，甚爲喜慰！

茲有三事，懇爲轉達：

①楊越先生寄來複印潮州戲文，已收到。另函告知與南生同志議決：該書進行辦法及最後決定等事，在我方面完全同意。拙序當進行草擬，再寄去。弟不再回信，乞諒！

②代多謝家教、新魁二教授惠贈畬語論文。

③王貴忱[①]先生贈書多種，請爲道謝。

牛龍菲事，不必介意。弟在蘭州認識此君，嘗勸其持論勿太急，應從容考覈，然後著筆。因報端刊布，故以爲可信。如是，則置之可耳。

大作《四十年》已完成，甚爲高興，爲帛書研究作一大總結，的是功德無量。吴主任最近想可抵港。繕寫事，容與兄再商定。《字表》已請廖老過録，可以爭取時間，甚喜。不知兄能一同帶來，趕得及否？兄來港時間，希望能在七月以前。我準備七月中旬（十四日）去歐洲，行期兩個禮拜（刻大體可確定），七月廿九日回港。

拙著承守爲兄費神編集，十分感激！見示目録所缺各篇，茲覆如下：

《殷易》一文，今已在《文史》20期刊出，列爲首篇，我已收到中華寄來該雜志。料廣州必可看到。

《北魏馮熙……》、《蒲甘國史事》、《補宋史鄧光薦傳》、《李鄭屋村磚文考釋》，此四篇均見《選堂集林》書内，且已修訂多處。請守爲兄翻閲該書，便可見到。

---

① 王貴忱，文博學家，曾任廣東省立中山圖書館副館長、廣東省博物館副館長。

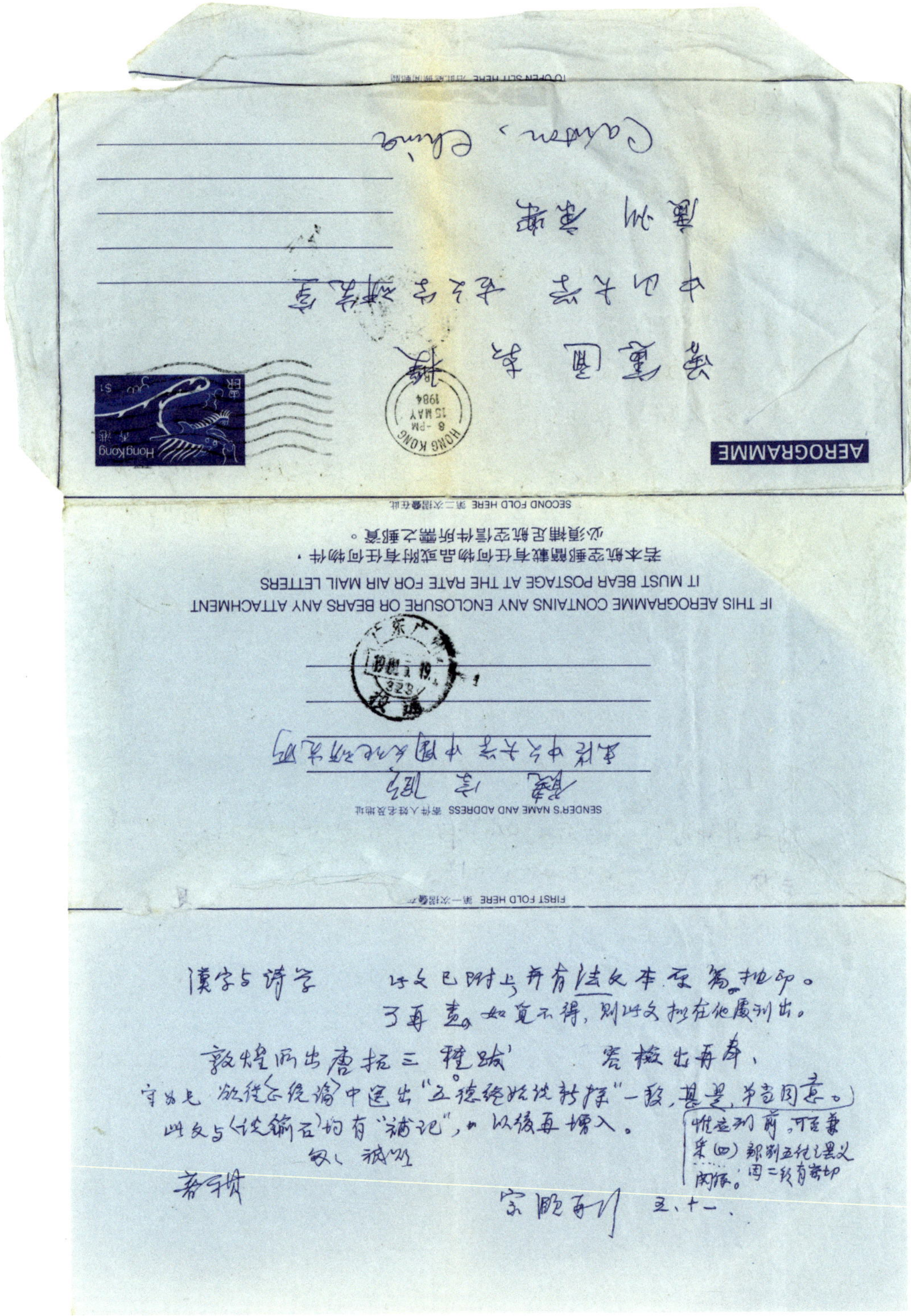

漢字与詩学　此文已附上并有法文本，原篇抽印。可再寄。如覓不得，則此文擬在他處刊出。

敦煌所出唐拓三種跋　容檢出再寄。

守如兄欲從〈六綫論〉中選出"五德終始說新探"一段，甚是，弟完全同意。

此文与〈說鎦〉均有"補記"，以後再增入。

（惟應列前，可在兼采（四）鄒衍五德之選义內提。因二段有密切關係。）

敬頌

著祺

宗頤再行　五、十一。

《漢字與詩學》，此文已附上，并有法文本原篇抽印。可再查，如覓不得，則此文擬在他處刊出。

《敦煌所出唐拓三種跋》，容檢出再奉。

守爲兄欲從《正統論》中選出"五德終始説新探"一段，甚是，弟當同意。惟應列前。可否兼采"（四）鄒、劉五德之異義……"，因二段有密切關係。此文與《説鍮石》均有"補記"，以後再增入。

匆匆祗頌

著祺。

宗頤再拜

五、十一

憲通吾兄：

前函計達左右，茲寄上跋文之"說鎛石"一篇，新增多字為見，記前文拙作"集林"中圖出之文章，似寄來目錄，未見這集冊者，未知該書果收到否？乞示。因不少論文有增訂者，皆批在卷端，希為注意。

大作"帛書四十年"，已詳讀，略有刪去字句。蔡氏最好諱其名，彌之記不講其名字，拙作"發端"曾提及之。"帛書新證"紐約以前託人鈔正，只文末上半部用墨筆書寫，茲送上二頁，以供參考，似尚可用。

"玄帷邦所解"一文刪去，併入"性賢試說"，微有修訂。因用三統曆呈於表，與戰國歲星之古歲實差二辰，不適用，已刪之。

關於美國使用攝影之技術，據巴納所記，英文應為 Ektachrome Infrared Aero Film (Type 8443)。

兄校正拙著四個誤字，請列出示知，至感！頁20"長則鼠至"句，兄仍釋鼠，與拙文異，在字表中不知尊見說明如何，務示，以便求真，而免自相矛盾，日書"鼠"字句，兄例釋如何，希示。

茲送上拙作三、四兩文，請付寫官，其一、二由此間謄正，不久可以寄來。另一信希轉楊越兄，交人民出版社，以附戰文提序之原筆中，惟需要"影本"複印本參考，請其影附下，備用。

兄何時南歸？有確切時間，希示。頃得研究所來電，謂寄為有信來，後天入中大沙田，當可收到。

敬之　祇頌

文祺

宗頤再拜　6.28

（二一）一九八四年五月二十八日

憲通吾兄：

前函計達左右，兹寄上改正之《説鍮石》一篇，祈轉與守爲兄。記前在拙作《集林》中圈出之文章，似寄來目録，未見過《集林》者，未知該書果收到否？乞示。因不少論文有增訂者，皆批在卷端，希爲注意。

大作《帛書四十年》，已詳讀，略有删去字句。紐約戴氏最好諱其名，刻亦記不清其名字。拙作《覈論》曾提及之。《帛書新證》此間託人鈔正，只交來上半，非用墨筆書寫，兹送上二頁，以供參考。似尚可用。

《亥惟邦所解》一文删去，併入《性質試説》，微有修訂。因用三統曆星次表，與戰國歲星與太歲實差二辰，不適用，已削之。

關於美國使用攝影之技術，據巴納[①]所記，英文應爲Ektachrome Infrared Aero Film（Type 8443）。

兄校正拙摹四個誤字，請列出示知，至感！

頁20“是則鼠至”句，兄仍釋“鼠”，與拙文異，在字表中不知尊見説明如何，盼示，以便求真，而勿自相矛盾。日書“鼠”字句，兄解釋如何？希示。

兹送上拙作三、四兩文，請付寫官，其一、二由此間謄正，不久可以畢事。另一信，希轉楊越兄，交人民出版社。潮州戲文撰序，在著筆中，惟需要《劉希必》排印本參考，請其即付下，備用。

兄何時命駕？有確切時間，希示。

頃得研究所來電，謂守爲有信來，後天入中大沙田，當可收到。

匆匆祇頌

文祺。

宗頤再拜

5.28

---

① 巴納，又譯作“巴諾”，澳大利亞漢學家，著有研究楚帛書著作多種。

憲通兄：

吴主任返穗，託其帶去各稿，并告知其帛書全稿將在穗鈔正，以示一致，想邀垂察。

前托吴寄上拙作第一篇《新證》及第二篇《爾雅與十二月名》，而其餘諸篇，度早已動手繕寫矣。

請正棠十分清晰，方便書寫者甚多，惟望再為細校，行款安排設計，亦希妥為處理。而篇及爾雅二篇，稿被訛誤多請注意！

守為兄函收到，全書共五十篇，而欠一文，當即寄上。餘

兄來港，最好候帛書全部鈔完，吴主任從旁贊促廖先生催快畢事。弟離港在7月14日至29日。文駕動身，日期有定，盼即示知。

聞趙誠兄近將南來，如獲良晤，建華事如何，盼閱。匆問

著祺

宗頤　頓首

六月二日

（二二）一九八四年六月一日

憲通兄：

吴主任返穗，託其帶去各稿，并告知《楚帛書》全稿將在穗鈔正，以示一致，想邀垂察。

兹挂號寄上拙作第一篇《新證》及第二篇《爾雅與十二月名》，而其餘諸篇，度早已動手繕寫矣。

清正稿十分清晰，方便書寫者甚多，惟望再爲細校，行數安排設計，亦希妥爲處理。《丙篇》及《爾雅》二篇，稿較亂，請多注意！

守爲兄函收到，全書共五十篇，所欠一文，當即寄上。

兄來港，最好候帛書全部鈔完，吴主任答應督促廖先生儘快畢事。弟離港在7月14日至29日。文駕動身，日期有定，盼即示慰。

聞趙誠兄近時南來，想獲良晤，建華事必有所聞。匆頌
纂祺。

宗頤再拜
六月一日

至拙著續已全部寄上，料即可收到。所改者：
前增入者：
⑴「百司堵墻」（《廣韻》十姥：「堵，垣堵也」；「同堵墻，與平坐之閒。」）
⑵曹憲通云：「陵下一字據《太平御覽》作[illegible]，即西字」。「不見陵[illegible]，是則兄（遠）至陵西」，謂陵之西，如西郊之比。此句似不甚了，然可用指喻星不出現，無不可。
⑶「廛月 下 至于元（其）下」不必改。
⑷「有梟內于上行」，「內」字已改正矣。
⑸「祀則道向」，「向」字校可以，尊說補入。（乙篇12行）加「蔵」「參」「適」「協」「穀」可。
其他望照爲改正。又乙篇第一行「又肖尚」，由、無望改訂，刪去原書二行引《管子》內等等，增入下列句：「尚之猶常」也。《廣雅·釋詁》「常之，戚也」，《雅》「裳之者，尊也」；《傳》「裳之猶堂之也」，《論語》「堂堂乎張也」。《廣雅》「堂堂，與彭彭，皆訓盛也」。利於學者討索。老鈔寫費神，損從文請其自力相助爲理，趕出。至下簡本以前全部藏本。至於了了！
字並見寄來目錄，已收到。所見一篇，即可補寄。誤鈔請用改訂本。
字書照原文字編例，甚好，可以照鈔。
至於行款，一依稿本所定書寫。我寄去之稿本，字爲大陸用紙寄返者多，作羅子也。弟歸期爲七月廿五日，航期不誤。
「編鐘」已將稿畢。據何啟中先生云欲與兄聯絡，不妨去一函與之讀設，不知尊意如何？
近日討了書後方悟入。不知馬王堆刑德後高薦尚等之資料否？周易寫本已公布，余討張先生跋文，此或不同意見。續易學一文，寄收並覽。匆此，
著安。
宗頤 頓 六月八日

（二三）一九八四年六月八日

憲通如晤：

六月三日惠翰祇悉。承見告四字訛處，至謝！拙稿經已全部寄上，料即可收到。盼覆慰。

以下請照增入拙文：

① 巳司[illegible]（堵）壤。《廣韻》十姥“堵”訓“垣堵”……司堵壤與平水土有關。

②不見陵[illegible]，是則兄（荒）至。曾憲通云：“陵下一字，據放大照片作[illegible]，即西字。”陵西，謂陵丘之西，如西鄙之比。

此句仍不甚了然，可能指歲星不出現，然否？

③ 虘月下“至于亓（其）下”可照改。

④“有梟内于上下”，“内”字已改正矣。

⑤“祀則遂”句，可以尊説補入。（乙篇12行）加“歲、祭、遂協韻”一句。

其他望照爲改正。又乙篇第一行“又[illegible]尚=”句，亦望改訂，刪去原去[1] 二行引《管子》句等等，增入下列數句：“尚尚”猶“常常”。《廣雅·釋訓》：“常常，盛也。”《小雅》“裳裳者華”，毛傳：“裳裳猶堂堂也。”《論語》“堂堂乎張也”，《廣雅》“堂堂”與“彧彧”皆訓“容也”。

利公[2]答應對廖老鈔寫費酬報從豐，請其鼎力相助爲理，趕在足下蒞港以前全部蕆事。至盼至盼！

守爲兄寄來目録，已收到，所欠一篇，即可補寄。《説鍮石》請用改訂本。

字表照高明《文字編》[3]例，甚好，可以照鈔。至於行款，一依禮平所定書寫。我寄去之樣本，字太大，恐用紙過多，作罷可也。

弟歸期爲七月廿九日，航期不誤。

《編鐘》已將校畢。據何鎮中[4]兄云欲與兄聯絡，不妨去一函與之商議，不知尊意如何？

近日對日書復有悟入。不知馬王堆《刑德》及《禹藏啚》等，有消息否？《周易》寫本已公布，余對張先生[5]跋文，頗有不同意見，經另草一文，容後奉覽。匆頌

著安。

宗頤啓

六月八日

---

① 此“去”字疑衍。

② 利榮森，收藏家，香港北山堂基金創辦人，對饒公研究課題多有資助。

③ 指高明《古文字類編》，中華書局 1980 年。

④ 何鎮中，時任香港中文大學出版社編輯。

⑤ 指張政烺。

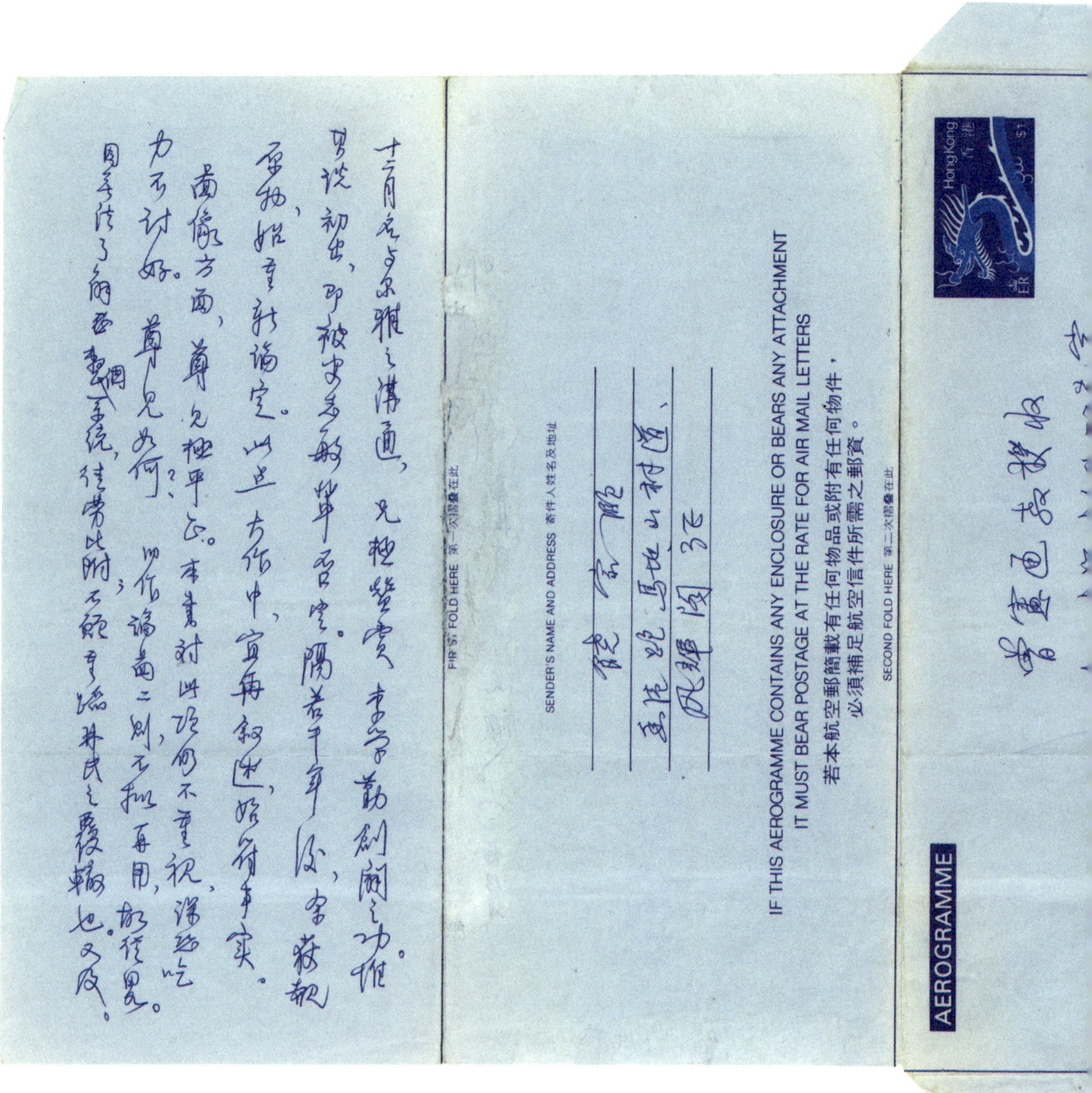
十二月五日來函之溝通，兄極贊賞，吾子勤劬閱之功。
其說初出，即被史家多般非否定。隔若干年後，始獲執
定始重新論定。此点大作中，宜再敘述，始符事實。
畫像方面，尊兄極平正。本書對此項何不重視，深感可
力求討好。尊見如何？　此作論畫之則不擬再用，故從略。
因年將了，解西周籌統，待將此附示，至林氏之履轉也。又及。
FIRST FOLD HERE 第一次摺疊在此
SENDER'S NAME AND ADDRESS 寄件人姓名及地址
饒宗頤
香港跑馬地山村道、
鳳輝閣 3C
IF THIS AEROGRAMME CONTAINS ANY ENCLOSURE OR BEARS ANY ATTACHMENT
IT MUST BEAR POSTAGE AT THE RATE FOR AIR MAIL LETTERS
若本航空郵簡載有任何物品或附有任何物件，
必須補足航空信件所需之郵資。
SECOND FOLD HERE 第二次摺疊在此
Hong Kong 香港
$1
AEROGRAMME
曾憲通教授

十二月名與《爾雅》之溝通，兄極贊賞李學勤[⑥]創闢之功。惟其説初出，即被安志敏[⑦]輩否定。隔若干年後，余獲覩原物，始重新論定[⑧]。此點大作中宜再敘述，始符事實。

啚像方面，尊見極平正。本書對此項仍不重視，深恐吃力不討好。尊見如何？舊作論啚二則，不擬再用，故從略。因無法了解整個系統，徒勞比附；不願重蹈林氏[⑨]之覆轍也。又及。

---

⑥ 李學勤，歷史學家，古文字學家。李氏《補論戰國題銘的一些問題》（《文物》1960 年第 7 期）首次指出帛書邊文與《爾雅・釋天》十二月名相關。

⑦ 安志敏、陳公柔《長沙戰國楚繒書及其有關問題》，《文物》1963 年第 9 期。

⑧ 饒著《楚繒書十二月名覈論》，《大陸雜誌》第三十卷第一期，1965 年。

⑨ 林巳奈夫，日本漢學家，京都大學名譽教授，曾作《長沙出土戰國帛書十二神之由來》（《東方學報》第 42 册，1971 年）討論帛書圖像。

文章，亦均收到。又無出標及章目　尊從，

及修訂各点，所有改動調整，至為感盼。

弟七月份赴歐之行，因參加旅行團人數不够，

難成行，只得取銷。　吳主任來函，告知　兄候

弟返港後，即攜同　滕君稿件一同來港。

以後日期有定，弟當先函告，以便與　禮平同

至車站接候。

如遇楊鐵兄，弟即請　寄下部分劉希必曲文寫

定清本，以供作序參考之用，用後即可寄

回。

匆匆布意，并頌

著祺

考古、文物考古學報各期出，須代定者，
示知以便寄送。

宗頤手泐　六月廿六

宏通　主任弟均此致意

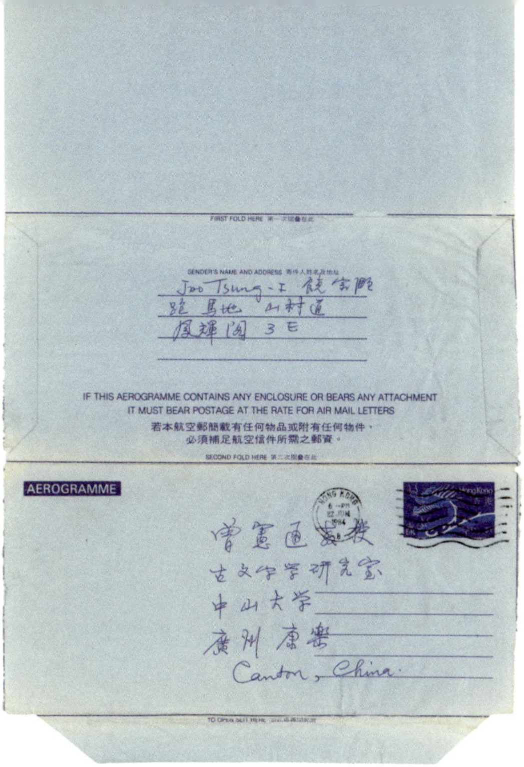

（二四）一九八四年六月二十一日

憲通吾兄道席：

曾寄上楚帛書有關文稿，想均收到。又蕪函提及采用尊説，及修訂各點，盼爲改動調整，至爲感盼。

弟七月份赴歐之行，因參加旅行團人數不够，礙難成行，只得取銷。吴主任來函，告知吾兄候弟返港後，即攜同謄清稿件一同來港。以後日期有定，尚希見告，以便與禮平同至車站接候。

如遇楊樾兄，希即請其寄下部分《劉希必》曲文寫定清本，以供作序參考之用，用後即可寄回。

匆匆布意，并頌

著祺。

宗頤手泐

六月廿一日

《考古》、《文物》、《考古學報》各種，想經爲代定，款盼示知，以便奉還。

宏聰主任希爲致意。

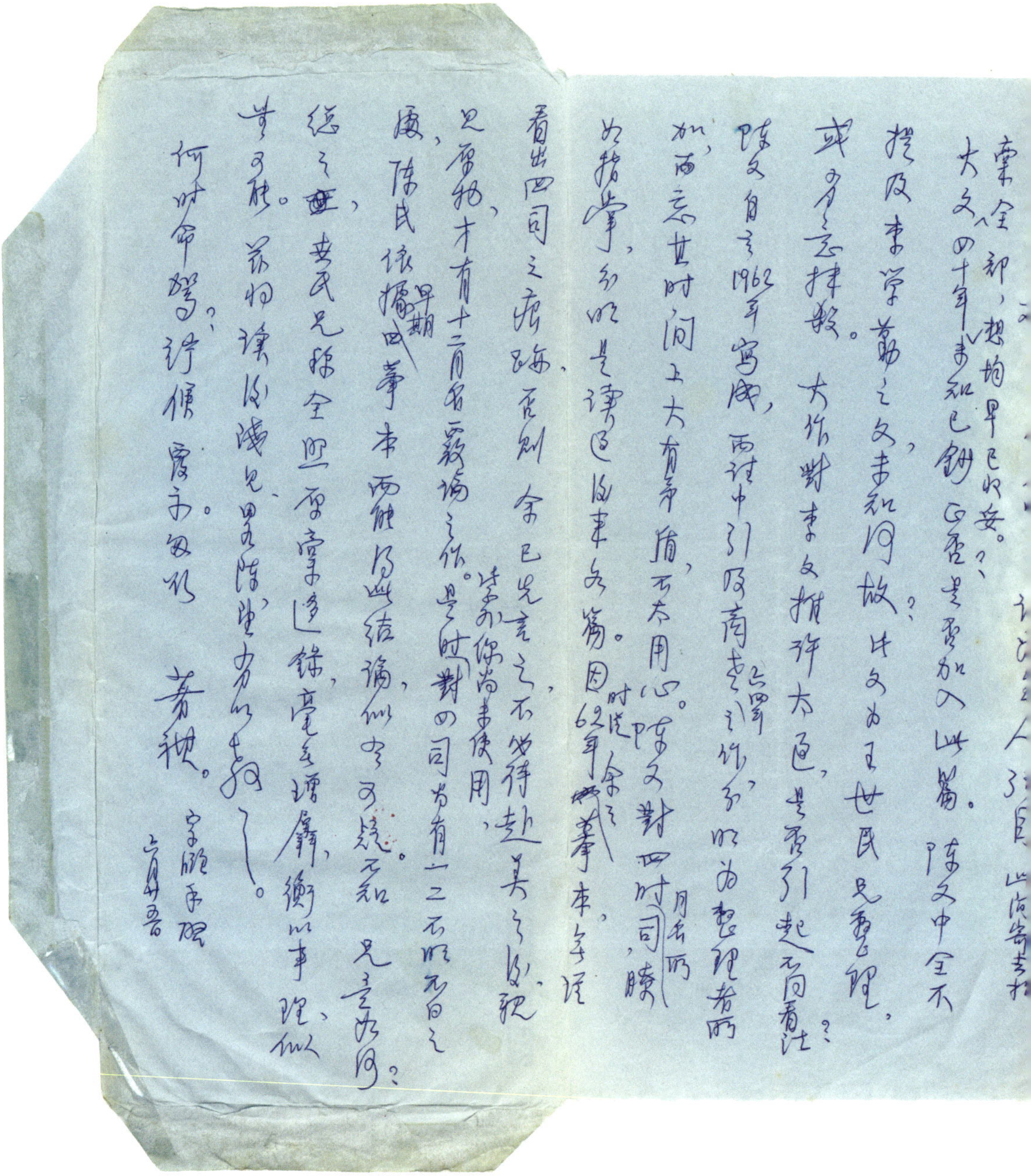

……之人了良，此次寄去拙
稟全部，想均早已收妥。
大文四十年來知見錄是否要加入此篇。陳文中全不
提及李學勤之文，未知何故？此文乃王世民兄整理，
或乃忘掉歟。大作對李文推許太過，是否引起不同看法？
陳文自言1962年寫成，而註中引及商志䓨之作，不明為整理者所
加，而忘其時間上大有矛盾，不太用心。陳文對四時司（月名所）賸
如指掌，不明是讀過原來文篇。因62年時從余之摹本，年經
看出四司之痕跡，否則余已先言之，不必待趙某之說。
兄原稿，才有十二月者窮論之作。（紫外線照尚未使用）是時對四司尚有一二不明白之
處。陳氏依據早期摹本而作此結論，似可不議。不知兄意如何？
總之，安民兄採全照原掌錄，毫無增飾，衡以事理，似
甚可能。茲將讀後淺見略陳，望加以考慮了。
何時命駕？請便覆示為幸。
著祺。
宗頤手泐
六月廿五

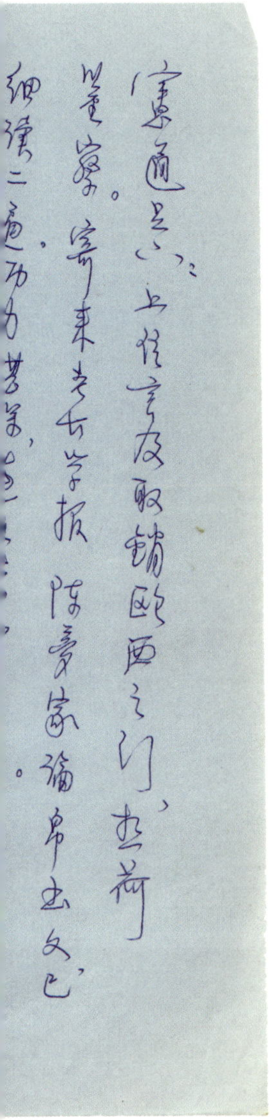
憲通足下：上信言及取銷歐西之行，想荷
鑒察。寄來考古學報陳夢家論帛書文，已
細讀二遍，功力甚深，

（二五）一九八四年六月二十五日

憲通足下：

上信言及取銷歐西之行，想荷鑒察。寄來《考古學報》陳夢家論帛書文[1]，已細讀二遍。功力湛深，遠在李零之上。論《月令》在秦漢間演變經過，甚有助於帛書十二月涵義之尋證。有一二處與拙見暗合，但無衝突之處。其力證帛書必爲夏正，可破林巳奈夫等之説，爲吾人張目。

此間寄去拙稿全部，想均早已收妥。大文《四十年》未知已鈔正否？是否加入此篇。陳文中全不提及李學勤之文，未知何故？此文爲王世民兄整理，或有意抹殺。大作對李文推許太過，是否引起不同看法？陳文自言1962年寫成，而注中引及商老六四年之作，分明爲整理者所加，而忘其時間上大有矛盾，不太用心。陳文對四時月名所司，瞭如指掌，分明是讀過後來各篇。因62年時從余之摹本，無從看出四司之痕跡，否則余已先言之，不必待赴美之後，親見原物，才有《十二月名覈論》之作。是時紫外像尚未使用，對四司尚有一二不明不白之處，陳氏依據早期四摹本而能得此結論，似有可疑。不知兄意如何？總之，世民兄稱全照原稿迻録，毫無增羼，衡以事理，似無可能。玆將讀後淺見略陳，望有以教之。

何時命駕？竚候覆示。匆頌

著祺。

宗頤手啓

六月廿五日

---

① 陳夢家《戰國楚帛書考》，《考古學報》1984年第2期。

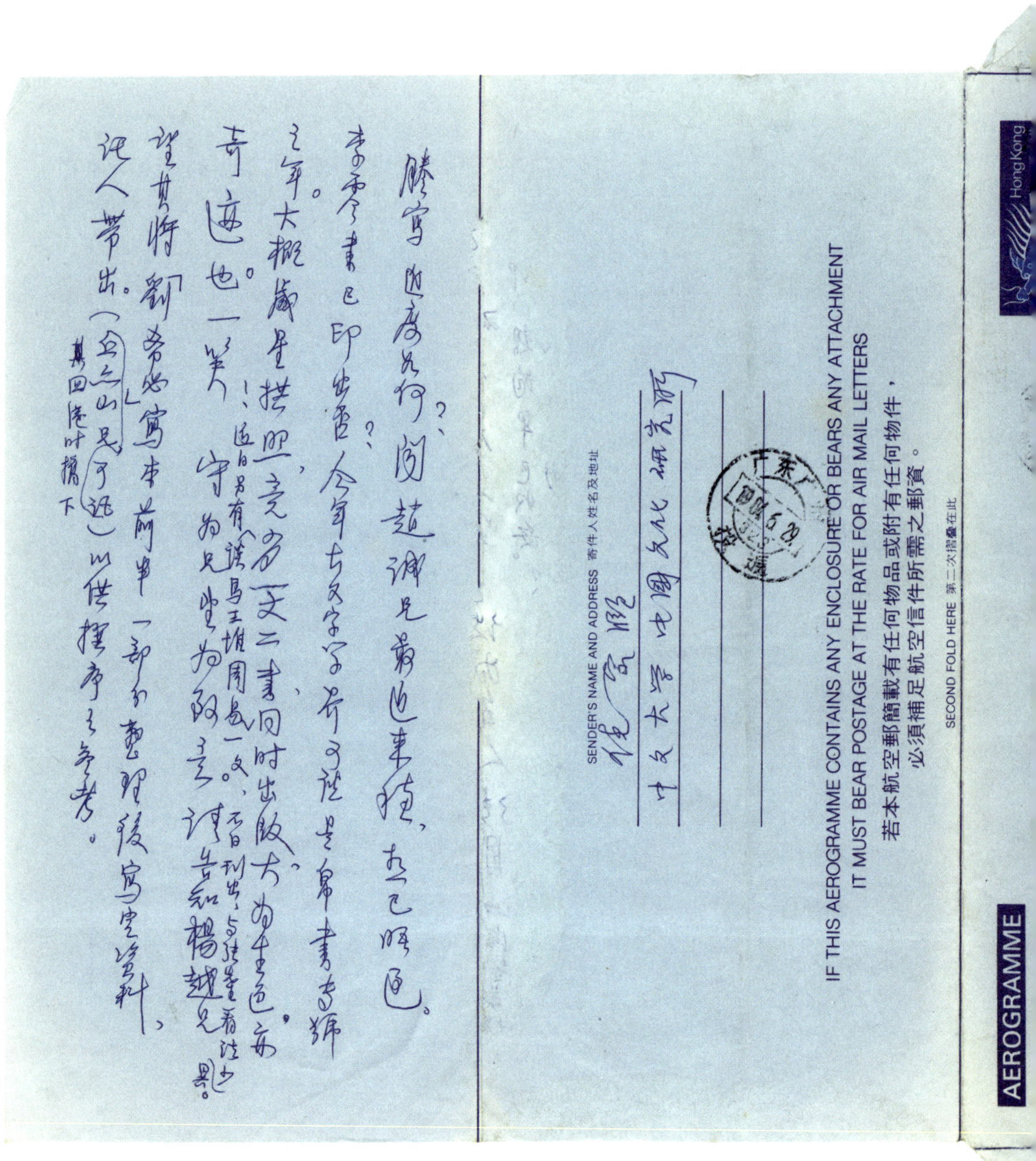

賸穿道席兄：得閱趙鵬兄最近來穗，想已晤面。
李零書已印出否？今年古文字學會在長春舉辦之年，大概歲星拱照，竟有《文》二書同時出版，大為古文字之奇遇也，一笑！（近日另有《讀馬王堆周易》一文，首刊出，與往昔看法迥異）守為兄豈為敘言，請告知楊越兄。
望其將《劉》寫本前半一部分整理後寫定資料，託人帶出。（如已出兒可遲）以供撰序之參考。
其四 德叶 播下

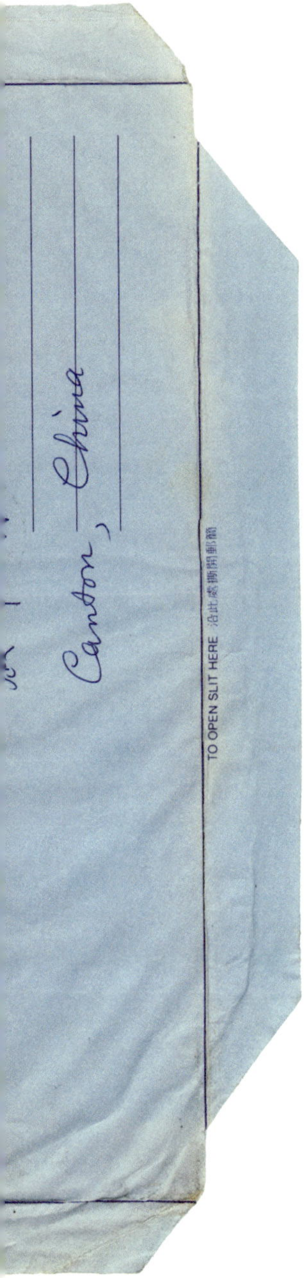

謄寫進度如何？聞趙誠兄最近來穗，想已晤過。李零書已印出否？今年古文字學界可說是帛書專號之年。大概歲星拱照，竟有一文二書同時出版，大爲生色。亦奇迹也。一笑！

近日另有《談馬王堆周易》一文，不日刊出，與張先生看法少異。

守爲兄望爲致意。請告知楊越兄，望其將《劉希必》寫本前半一部分整理後寫定資料，託人帶出（可託丘亦山[2]兄回港時攜下），以供撰序之參考。

---

② 丘亦山，又作邱亦山，曾任香港《經濟導報》總编輯。

憲通兄：

十四日函書拜悉。上函告知我取錯路西之川，乞為鑒察。兄來港時間，請先力爭取早些。如麥君趕不及，兄可提前到港。七、八月間，我決不他往，在此候駕。最好能於七月十五前此。如有決定，希見告。

陳夢家楚帛書考甚精闢，論及実、芫、訟三字。実之訓位，於義未明，可以不論。芫字較芜為勝，請再細審原物，下半是否从兄。如確係芫字，擬改訂如下：

"芫字似是从艸从兄。廣韻二十"侵"收上聲中，九"敢"但收芫字，其一訓熱。此處芫讀為疣，亦即痏，訓「腹內故病」。是「毋為邦芫」，猶言「毋為邦病」。"

訟字拙說似可用，不必更動。

九月古文字學會我擬參加，一履岐周故地，兼為終南一帶之遊，俟見面再詳談。趙誠兄處煩代致函。吳主任、商老亦請代為問候。即問文安。

宗頤上

六月卅日

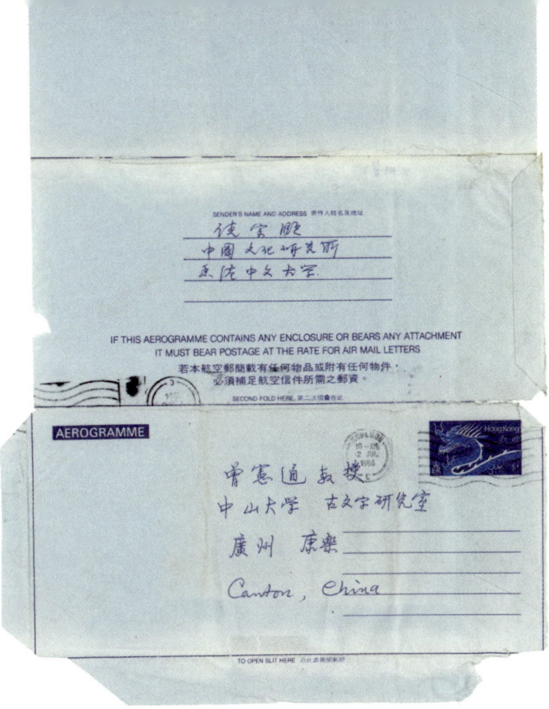

（二六）一九八四年六月三十日

憲通兄：

十四日惠書拜悉。上函告知我取銷歐西之行，想荷鑒察。兄來港時間，請盡力爭取早些。如廖君趕不及，兄可提前到港，七、八月間，我決不他往，在此候駕。最好能於七月十五莅此。如有決定，希見告。

陳夢家《楚帛書考》甚精闢。詢及宊、芜、詽三字，宊之訓位，於義未明，可以不論。芜字較芜爲勝，請再細覈原物，下半是否从冘。如確係“芜”字，擬改訂如下：

> 芜字似是从艸从冘。《廣韻》二十二“侵”及上聲四十九“敢”俱收芜字。其一訓熱。頗疑芜讀爲疣，亦即瘖，訓“腹内故病”。是“毋爲邦芜”猶言“毋爲邦病”。

詽字拙説似可用，不必更動。

九月古文字學會我擬參加，一履岐周故地並爲終南一帶之遊，俟見面再詳談。趙誠兄處懇代致面[①]。吴主任、商老亦請代爲問候。即叩

文安。

宗頤上

六月卅日

① “面”當作“意”，疑涉上句“面”字而誤。

以上已竟，此外倘能已自秦漢專文字資料出
別為新獻，周原以字骨，度必能手摩挲之一快事。佛
洪兄同行否？
楚帛書剪貼本，及照片、諸件，已交克侖先生。
鄭先鈔寫進行如何？本月廿日前後，貴館方人
來中大文物館合辦展覽，未知能及時完成否？
新證再讀一過，覺尚有須注意改正者：
頁1　紐約大都會博物館　頁9、德、直已改正　第16
頁11　乃取（娶）(2)行　虞（且）僕四子之子……
加「虞為語詞之且……且為指示詞」亦可
頁13　堵　三才
頁15　百（酒）一段　頁19　陸璣　注疏
頁21　來到「此夏字」　攸敵
頁23　祝融　二處改正　四亟（極）　頁24　刪去「四極內」
頁28　公孫僑　子產　「於刑不正，正而」　以上甲篇
頁3　尚（堂）一段
頁10　學之以下各段宜重寫　為本改別不必動、
頁13　原即祝融為濡別說一段　與尊說有衝突請刪
頁15　說評《帛書內涵及性質試說》。

（二七）一九八四年九月五日

憲通足下：

此刻台駕想已自秦返粵。古文字會料必别有新猷。周原小字骨，度必親手摩挲，亦一快事。偉湛兄同行否？

楚帛書剪貼本及照片諸件，已交黄港生[1]君。廖老鈔寫進行如何？本月廿日前後，省館有人來中大，與文物舘合辦展覽，未知能及時完成否？

《新證》再讀一遍，覺尚有須注意改正者。

頁1 紐約大都會博物舘。

頁9 僬僬。想已改正。

頁10 乃取（娶）（2行）虘（且）[illegible]（？）▨子之子……加“虘爲語詞之且……且爲指示詞”數句。

頁13 堵。三字。

頁15 百（洦）一段。

頁19 陸璣《詩疏》。

頁21 末行“此[illegible]字”，誤作遖。

頁23 祝融。二處改正。四亟（極）。

頁24 删去“四極”句下“於形不近……”句。

頁28 公孫僑。僑字誤。

以上甲篇。

頁3 “尚尚（堂堂）”一段。

頁10 “孛孛”以下各段宜連寫，如未改則不必動。

頁13 “灰即砅爲濿别體”一段，與尊説有衝突，請酌。

頁15 説詳《帛書内涵及性質試説》。

① 黄港生，語言學家，曾編著《商務新詞典》。

27

新出述（遂）同

加述字釋曾君文字編……！　以上乙篇

頁1　殺字零釋殺一段有刪改

又我本仍從兩火字旁定為炎……句　干誤

頁5　（朋）秉。曲（寫）上「字我釋妻，繇信作棲，妻富生……

芔字曾君定為從艸從大，是可讀沃也。多祁沃，隨也、

頁10。遲字，可改定

「十二月也與爾雅頁3、紐約大都會博物院

P.13　第一行　尊經閣文庫藏鈔本。

第一行改正　唐月令……

第二書內函　第七行　且無太室與中庭　誤作太空

書法藝術　宜補寫「饒宗頤」與前一段

以上原已在改正本提及，有一二處局部，故後翻譯隊之。尊作文字編似有一些與拙作衍突處，需斟酌改訂二三處

留了布告印以

著作

字頭手寫九、五，可修訂之。

趙誠想已見過，不知彼對此看法如何。建平卡片已全部寫完，初步看已定，待查對排比。考古、文物、考古學報及文稿，望為定編，送上所有紀錄第手寫，或足留存去信以備編輯之用。

頁26 不見陵（西=夷）。及“陵西即陵栖……”數句。

頁27 “祀則述（遂）”句，加“述字詳曾君《文字編》……”

以上乙篇。

頁1 “，李零釋殺”一段有删改。

4 “炎字所从兩火字皆作……”句。干聲。

頁5 秉。（畜）上一字或釋妻，疑借作棲，妻畜生……

字，曾君定爲从艸从犬[②]，可讀爲汱，《爾雅》：“汱，墜也。”

頁10 遅字，可改定。

《十二月名與爾雅》頁3，紐約大都會博物院。

P.13第一行，尊經閣文庫藏鈔本。

英文一行改正。唐月令……

《帛書内涵》第七行“且無太室與中廷”，誤作“太空”。

《書法藝術》宜補寫“饒宗頤”，與前一致。

以上原已在改正本提及，有一二處屚舉，故復覼縷陳之。尊作《文字編》似有一些與拙作衝突處，新改訂二三處，可修訂之。

匆匆布意，即頌

著祺。

宗頤手啓

九、五

趙誠想已見過，不知彼赴滬否？建華卡片已全部寫完，初步工作已定，待重新排比。《考古》、《文物》、《考古學報》各種，望爲定購，連上所有款項，希示及，或兄留存在港，以備購物之用。

② 楚帛書从艸从犬之字，曾憲通《楚月名初探》（《古文字研究》第五輯，中華書局 1981 年）已釋爲“笑”，後在《長沙楚帛書文字編》（中華書局 1993 年）中結合秦漢簡帛資料，加以説明。郭店楚簡公布之後，進一步證實釋“笑”是正確的。參曾憲通《楚帛書文字新訂》，《中國古文字研究》第一輯，吉林大學出版社 1999 年。

郁之、梅兄：刘彬徽先生来港之行，甚为顺利，可以把晤商讨楚文字，

已告知何镇中君赶紧办签证，即妥以赴盛会。

出版社函知

兄有稿费若干元，为之处理，希示或暂

存弟处为定，付晤稿之用亦可。

上海中日文化联谊会议定于十一月十九日至二十四日在龙柏饭店

举行，知注并闻。

匆颂

著祺

宗颐手启　九月廿三日

佛洪及古文字研究室同人附候。一

唐老多费神，至于誊写费望见示，以便交胡守

为兄带上

（二八）一九八四年九月二十五日

……[1]

舒之梅、劉彬徽[2]兄能來港一行，甚爲欣慰，可以把晤商討楚文字。

已告知何鎮中君趕緊將該書印妥，以赴盛會。

出版社通知兄有稿費數百元，如何處理，希示。或暫存弟處，爲它時購物之用亦可。

上海中日《文心雕龍》會議定於十一月十九日至二十四日在龍柏飯店舉行，知注并聞。

匆頌

著綏。

宗頤手啓

九月廿五日

偉湛及古文字研究室同人附候不一。

廖老多費神至謝。謄寫費望見示，以便可交胡守爲兄帶上。

---

① 以上缺失。

② 劉彬徽，考古學家，時供職湖北省博物館。

憲通如晤：

九月十四日函來，經已覆答，諒荷垂察。
徐錫台先生寄來書多種，均已收妥。
中大出版社兄處有稿費港幣550（日書）。
經交李啟儀代收。擬於下月中大校慶時，託
羅忼烈兄轉上，如　兄能留港時，請即
見示。

昨聞有人來電云「胡守為兄本月仍不克蒞港。」
楚帛書稿連仍在穗，若不得已時，可交（可待下月）羅忼烈
兄帶回，請即覆示為感。

余定十一月十七日赴滬，參加復旦大學中日文
心雕龍研討會，自滬逕飛港，可減少不少麻煩。又上
課時間所限，不能通程參加中大校慶，務必抱
歉，懇為致意。

聞湖北博物館來信展覽編錄，定在十二月
一日舒之梅兄料必同來，寓于旺西，該書已經何鍾
中兄題字排印，容　陸續聞。敬此
撰安。

宗頤手啓
十、十八。

（二九）一九八四年十月十八日

憲通如晤：

九月十四日函悉，經已覆答，諒荷垂察。

徐錫臺[①]兄寄來書多種，均已收妥。

中大出版社兄處有稿費港幣550（日書），經交在敝處代收。擬於下月中大校慶時，託羅忼烈[②]兄轉上，如兄欲留港購物，盼即見示。

昨聞有人來電言，胡守爲兄本月份不克蒞港。《楚帛書》稿想仍在穗，萬不得已時，可否待下月交羅忼烈兄帶回？盼即覆示爲感。

余定十一月十七日赴滬，參加復旦大學中日《文心雕龍》研討會，自港逕飛滬，可減不少麻煩。又上課時間所限，不能至穗參加中大校慶，萬分抱歉，懇爲致意。

聞湖北博物舘來港展覽編鐘，定在十二月一日，舒之梅兄料必同來，當可晤面。該書[③]已促何鎮中君趕緊排印，知注並聞。匆頌

撰安。

宗頤手啓

十、十八

---

① 徐錫臺，考古學家，陝西省考古研究所研究員。

② 羅忼烈，古典文學專家，畢業於中山大學中文系，先後任香港大學、香港中文大學教授。

③ 指《隨縣曾侯乙墓鐘磬銘辭研究》，翌年由香港中文大學出版社出版。

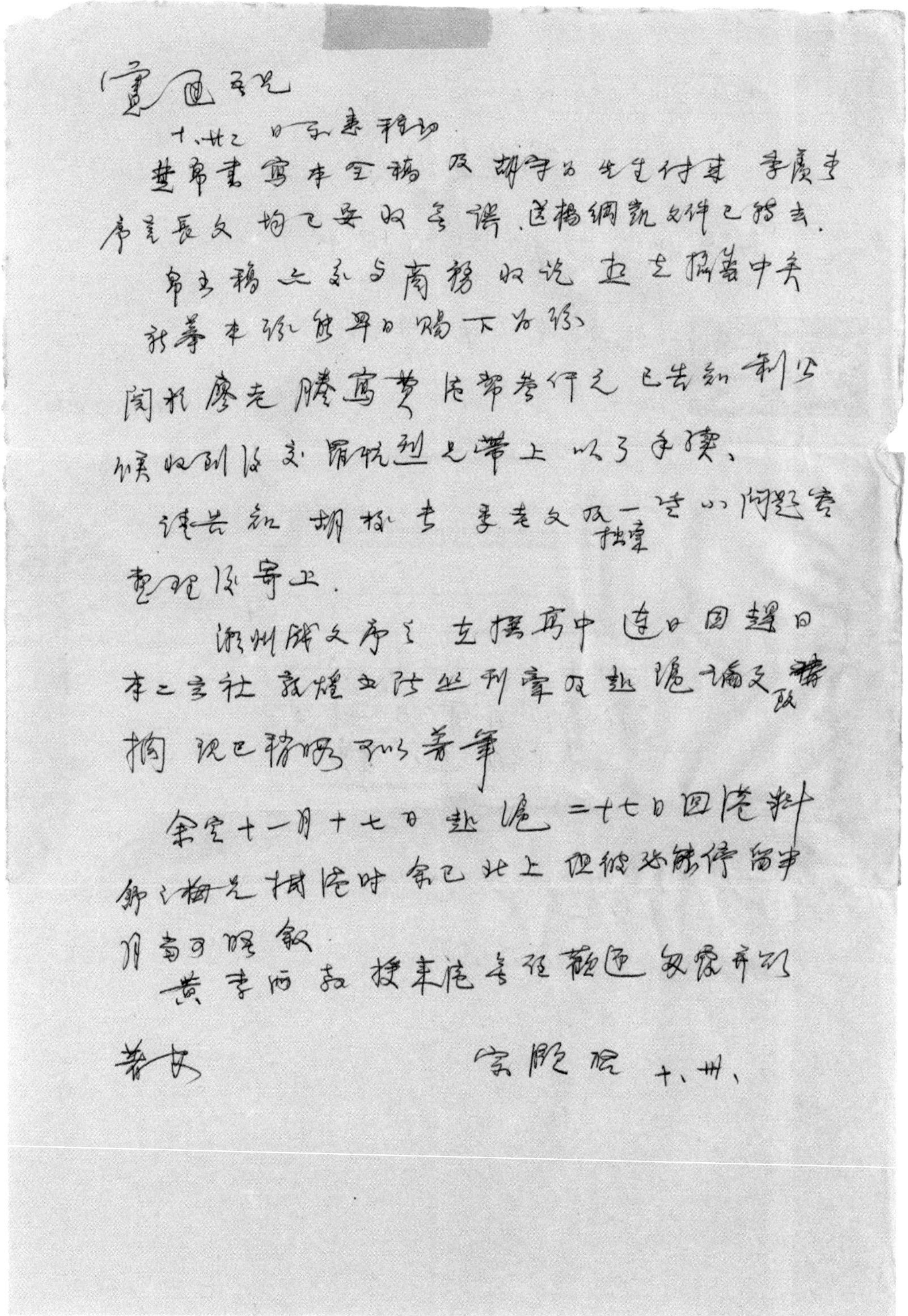

憲通吾兄：

十、廿二日手書奉悉。

楚帛書寫本全稿及胡守為先生付來李廣東序並長文均已妥收無誤。送楊綱凱文件已轉去。

帛書稿亦已與商務說，在支援中央新華本，然昨日賜下各稿

閱相應先騰寫，其他部份待之，已告知剩公候收到後交冒杭烈，之帶上以了手續。

請告知胡校長，李先生文及一些小問題容撿查整理後寄上。

潮州戲文序文，在撰寫中，連日因趕日本二玄社敦煌書法叢刊章及赴滬之論文提要（改摘），現已稍暇，可以著筆。

余定十一月十七日赴滬，二十七日回港，料鄭之梅兄抵港時余已北上，但彼必能停留半月，當可晤敘。

黃李兩君，按來港手續辦理，如需再以

著安

宗頤啟 十、卅、

（三〇）一九八四年十月三十日

憲通吾兄：

十、廿二日示悉種切。

《楚帛書》寫本全稿及胡守爲先生付來季羨老序言長文，均已妥收無誤。送楊綱凱[①]文件已轉出。

帛書稿亦交與商務收訖，想在攝製中矣。新摹本盼能早日賜下爲盼。

關於廖老謄寫費港幣叁仟元，已告知利公，候收到後交羅忼烈兄帶上，以了手續。

請告知胡校長，季老文及拙稿一些小問題容整理後寄上。

《潮州戲文》序言在撰寫中，連日因趕日本二玄社《敦煌書法叢刊》稿及赴滬論文，致擱，現已稍暇，可以著筆。

余定十一月十七日赴滬，二十七日回港，料舒之梅兄抵港時，余已北上，但彼必能停留半月，當可晤敘。

黄、李兩教授來港，無任歡迎。匆覆并頌

著安。

宗頤啓

十、卅

① 楊綱凱，理論物理學家，曾任香港中文大學副校長。

送北京付印。估計明年五月出書。將趙先生必多作述及。曾侯乙鐘銘書已改妥，刻已付印，裝訂，約於中展之「春節即前可見書」。尚趕得及展覽未結束之前問世。兩年來印刷遲滯，誤事不淺，無奈何！

近日不知研究方面，著重何題目？想仍是致力於楚國文字，不知近日有無發見資？曾侯乙之墓鐘鎛，刻文後展出之有一簠，有「盛君縈之用簠」六字，余有專文考證之，在「江漢考古」本年第壹期刊出，請為訂正。潮州戲文撰序已鈔正，日內即寄與楊越先社如約。趙佳已到港，不能量觀鉅，甚須駐兩月方能先之稿件。

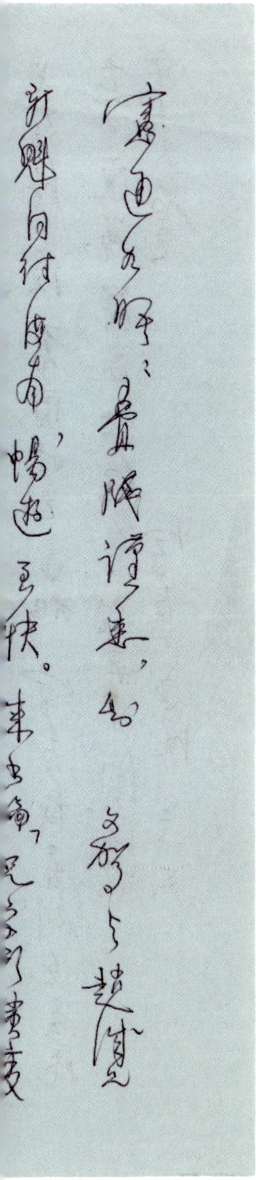
憲通如晤：疊牋謹悉，知文駕與趙誠
新魁同往海南，暢遊至快。來書論兄字形演

（三一）一九八五年二月三日

憲通如晤：

疊牋謹悉，知文駕與趙誠兄、新魁同往海南，暢遊至快。來書論“兄”字形演變甚當，可另作專文論之。

《楚帛書》已製版將竣，即分二部份，其一可交趙誠送北京付印。港方聞可在四月出書，料趙兄必有信述及。《曾侯乙鐘銘》書已改妥，刻已付印裝釘，何鎮中君云“春節前可見書”。尚趕得及展覽未結束之前問世。兩書皆印刷濡滯，誤事不淺，無可如何！

近日不知研究方面著重何題目？想仍是矻矻於楚國文字，不知有何發見否？曾侯乙二號墓鐘、鎛刻在港展出，只有一簠有“盛君縈之用匿”數字，余有專文考證，可在《江漢考古》本年第壹期刊出，請爲訂正。

《潮州戲文》拙序已鈔正，日内即寄與楊越兄，祈爲告知。

趙誠已到港數日，工作量頗鉅，想須駐兩月，方能告一段落。

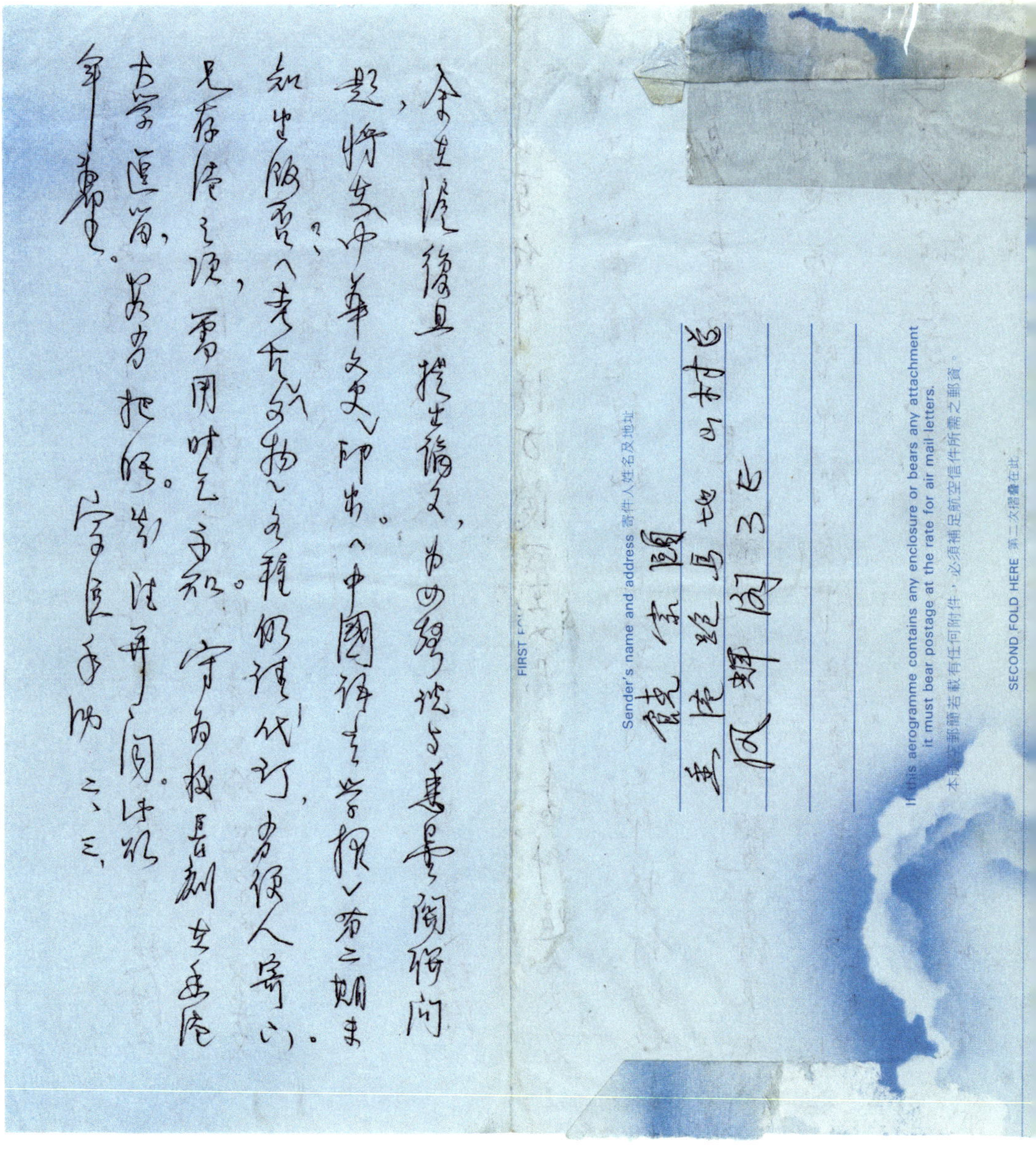

余生論緣且撰出論文，為四錄稿與選堂閣得問
題，將來中華文史印出。入中國語言學報，亦之媚來
紙出版書入，先見文物之文稿，仍請代訂，當便人寄下。
先存僅之項，需用時乞示知。守南校長劉女士處
大學通篇，要當把握。劉說再閱。此頌
年禧。　宗頤手泐　二、三

Sender's name and address 寄件人姓名及地址
饒宗頤
香港跑馬地山村道
鳳輝閣3E

FIRST F…

If this aerogramme contains any enclosure or bears any attachment it must bear postage at the rate for air mail letters.
本郵簡若載有任何附件，必須補足航空信件所需之郵資。
SECOND FOLD HERE 第二次摺疊在此

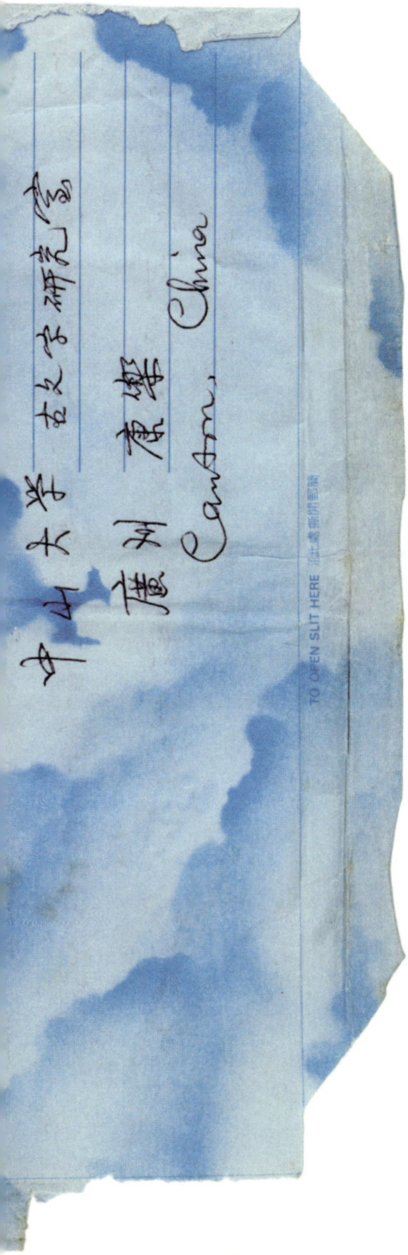

余在滬復旦提出論文，爲《四聲説與悉曇關聯問題》，將在《中華文史》印出。《中國語言學報》第二期未知出版否？《考古》、《文物》各種仍請代訂，有便人寄下。兄存港之項，需用時乞示知。守爲校長刻在香港大學逗留，數有把晤。知注并聞。此頌

年釐。

宗臣手泐

二、三

憲通老弟：西安

近收到北京古籍整理出版情況簡報134期首篇即

報告全明詞編纂工作，現已積極展開，在增補中了，

以告慰。

阿鎮中昨午送來，前信乞並鍾處給發者，

三本并去，另有三冊匯寄廣州，煩與足下也，

並可以收到。希見書之後立即撰寫書評，分

給匯文、馬國權兄，俾在大公報「讀書與出版」專欄

刊出，以配合湖北鐘磬古編展覽，引起一般人

之注意。

趙誠兄前請匯四冊，新年時去信問

年禧

宗頤上　二、十六

851

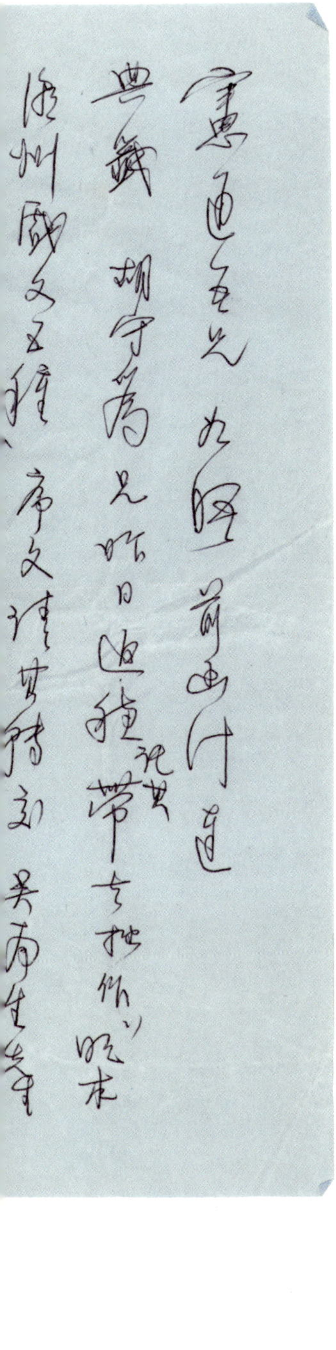
憲通吾兄如晤　前函計達
典籤　胡守爲兄昨日返穗託其帶去拙作明本
潮州戲文五種序文請其轉交吳南生先生

（三二）一九八五年二月十六日

憲通吾兄如晤：

前函計達典籤。胡守爲兄昨日返穗，託其帶去拙作《明本潮州戲文五種》序文，請其轉交吳南生先生。懇電知楊越兄説明此事。現該書影印將竣事，吳、楊與王序跋均作好，拙作亦趕及時，料不久該書即可面世。

近收到北京《古籍整理出版情況簡報》134期，首篇即報告《全明詞》編纂工作現已積極展開，在增補中，可以告慰。

何鎮中昨午送來《曾侯乙墓鐘磬銘辭考釋》三本，并云另有三册逕寄廣州贈與足下，想不久可以收到，希見書之後立即撰寫書評介紹，逕交馬國權兄，俾在《大公報》“讀書與出版”專欄刊出，以配合湖北鐘磬古物展覽，引起一般人之注意。

趙誠兄留港過舊曆新年，順告。此頌

年禧。

宗頤白

二、十六

如之須寄去書版式

(2) 已囑出版部寄一冊與中大校長室，信與鄭公請已列在贈書名內。此校長之代詢候。

(3) 全照列增訂去與行中，約需一年或可畢事。手之了卻一段可要。

(4) 此只以江漢考古去年第一期，載浙鎮曹君節考月令篇考釋，實多用鄙說。文印出已流用華西。因內可以只到，稍好華來閱，以五月可出版，來細如右。

(5) 囑題「中文刊授指導」，郭若，另紙寄上。何以稱為「刊授」？用意未明。

(6) 《漢魏文序》已交商生先生。不知該書何時可以排印？該事甚好，廣東出版社獨出不願。

(7) 考古學報之刊稿厚資承費神代訂。又存不履新出近期紫精結及讀書，請轉寄。隨我我空用，深望隨時見告。

此頌
著安。

選堂

三十九

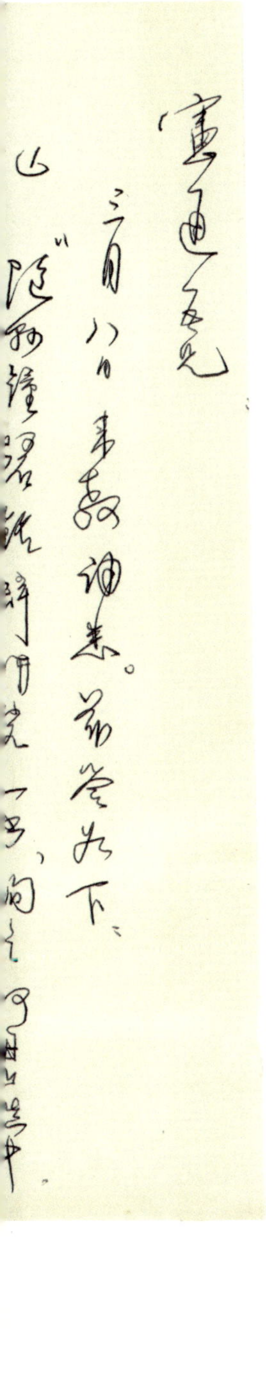
憲通吾兄
三月八日來教誦悉。茲答如下：
①隨縣鐘磬銘辭研究一書，詢之何君鎮中

（三三）一九八五年三月十九日

憲通吾兄：

三月八日來教誦悉。茲答如下：

①《隨縣鐘磬銘辭研究》一書，詢之何君鎮中，始知尚未寄出。頃促其即寄，料刻下可以收到。請即撰寫書評[①]，逕寄馬國權兄，俾可在讀書版刊出。

②已囑出版部寄一册與中大校長室。經與鄭公[②]談過，列在贈書表内。張校長[③]乞代問候。

③《全明詞》增訂在進行中，料多一年或可畢事。弟亦了卻一段公案。

④頃見《江漢考古》本年第一期，載浙舘曹君[④]《帛書月令篇考釋》，實多用鄙説。又印出巴諾所摹啚。國内可以見到較好摹本。聞《楚帛書》四五月可出版，未知然否？

⑤囑題《中文刊授指導》雜志，另紙寄上。何以稱爲“刊授”？用意未明。

⑥潮戲文序已交南生先生。不知該書何時可以排印竣事？甚盼廣東出版社能來函示慰。

⑦《考古學報》三刊物屢次承費神代訂。兄存吾處款，望近期能稍結見告，候新魁等蒞港，欲購物或其它用途，希隨時見告。

此頌

著安。

選堂啓

三、十九

---

① 曾憲通撰《探索地下“樂宫”的奥秘》，後載香港《大公報》1985年8月1日。

② 鄭德坤，考古學家，曾任香港中文大學中國文化研究所所長、香港中文大學副校長。

③ 張幼鋒，時任中山大學黨委副書記。

④ 曹錦炎，古文字學家，時任浙江省博物館副館長。

憲通足下：港中華書局出版楚帛書可於七月中旬出版，為配合馬王堆文物展覽（本港在中國文物展覽館展出文物第二次為湖南省長沙出土文物）擬在《中華文化》專欄作一次特刊討楚文化與帛書的宣傳工作，請兄撥冗寫一二篇簡述而帶吸引力文章介紹楚帛書研究經過及本書出版之意義與價值，從速寄以備刊登。費神，至感至感。

近日重讀拙作（五種）潮州藝文志，原書學生鈔（行）不少錯誤，如註⑰潮州志叢談志，誤作叢侯志，註15岳珂桯史誤作程史，請費去楊越兄為之校正。

上月在杭州得與趙誠兄會晤至快。振洪兄寄所近著至佩。趣為殷之前此所法事，請再研究，餘容討論。定出版社，有充分時間可以寫作為盼。

著安

宗頤手啟　六、七。

（三四）一九八五年六月七日

憲通足下：

港中華書局告知《楚帛書》可於七月中旬出版，爲配合馬王堆文物展覽（本港在中國文物展覽舘展出文物第二次，爲湖南省歷代出土文物），擬在《中華文化》專欄作一次特別對楚文化與帛書的宣傳工作。請兄撥冗寫一二篇淺近而帶吸引力文章介紹楚帛書研究經過及本書出版之意義與價值[①]，從速惠寄，以備刊登，費神至感至感！

近日重讀拙作五種潮州戲文序，原稿學生所鈔，不少錯誤，如注⑩《潮州志·叢談志》，誤作“叢佚志”，注15岳珂《桯史》，誤作《程史》，請電告楊越兄，爲之校正。

上月在杭州復與趙誠兄會晤，至快。偉湛兄寄贈近著，至謝，懇爲致意。前函所談事，請再研究。韓愈討論會聞定在明秋，有充分時間可以籌備。匆頌

著安。

宗頤手啓

六、七

① 曾憲通撰《漫談楚帛書》，後載香港《大公報》1985年9月15日。

偉湛兄并為致意

日前與利氏兄面談及吳越文字一事彼頗有興趣

兄促中子擬一篇略計劃預算及附進行步驟寄下當

與碩商越地陶文宜包括河姆渡以降至秦漢為止

資料甚多可作一綜合研究重文方面請兄擔任吳越

彝器銘文為吳越篇作一總結不知尊意如何

建華兄已寄全稿達上海待返京後方有指示

乞見告

茲擬購下列各書請為購寄

八瓊室金石補正　19.5元

樓蘭尼雅出土文書　168元

西夏陵墓出土殘碑粹編　41元

費神容面謝

撰祺

選堂　6、30.

（三五）一九八五年六月三十日

憲通如晤：

茲託新魁兄帶去《刊授指導》題句，請轉交偉湛兄，并爲致意。

日前與利公見面，談及吴越文字一事，彼頗有興趣。兄便中可擬一簡略計劃預算及進行步驟寄下，當與磋商。越地陶文宜包括河姆渡以降至秦漢爲止，資料甚多，可作一綜合研究。金文方面，請兄擔任吴器，孫稚雛[①]負責越器，作一總結。不知尊意如何？

建華想已安全抵達上海，趙誠返京後有何指示，乞見告。

茲擬購下列各書，請爲購寄：

《八瓊室金石補正》 19.5元

《樓蘭尼亞出土文書》 165元

《西夏陵墓出土殘碑粹編》 4元

費神容面謝。此頌

儷福。

選堂啓

6、30

① 孫稚雛，古文字學家，中山大學中文系教授。

的通告出版社

8

湖州戕文技作的问题，月来获通知。惟尚明板湖州戕文及拓校本者（见《》一题）有不安之处。(一)、拔字之出(二)戕文有二种之写本，不是训校(三)文中有一部分误改板本阅之，不少是采用牛津所藏本（不敢掠美），并非擅改为「明代湖州戕文子种」说》。如为妥当，乞与出版社谈及切之改正。

余将於八月一日与安及艺术系研究生许雪娟（研究西北佛窟），同飞乌鲁木齐，出席敦煌吐鲁番（吐鲁番书）第二届大会，十二日中华出版胡守为先生组有晚前往。

上月至杭州，又与赵琪作西湖之游。有姚志者为姚公弟，迳去姚及其门人至南锦美家晚宴，菜廿多样之外，摘鲜莼湖鱼，皆可口之味。颇有所食雪藏之物，已忘本味，此次为多年来最佳之美筵，然究不知何时再得遇矣之次。接阅河姆渡遗物，信感兴趣，计划日后拟就

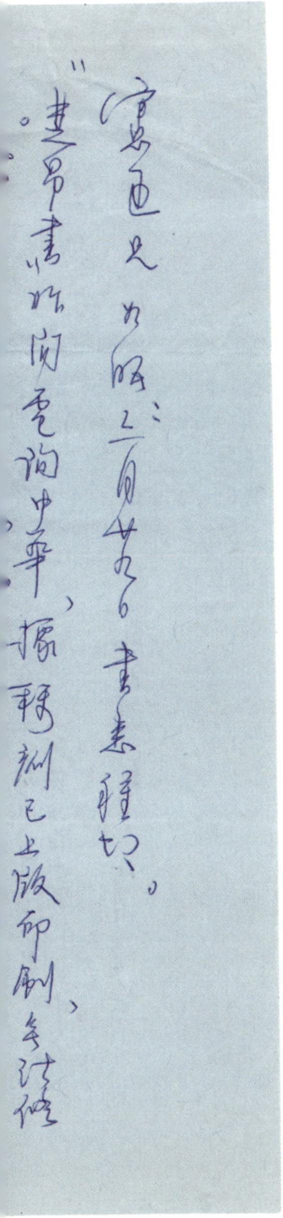

（三六）一九八五年七月二日

憲通兄如晤：

六月廿九日書悉種切。

《楚帛書》昨間電詢中華，據稱刻已上版印刷，無法修改。彼建議將改正之處，用另紙附入。兄可寫就寄來，以便附該書同時發行。

《曾侯鐘釋》其中尚有誤字，下次當詳列奉告。兄亦請再看一二過，指出，以便通知出版社。

潮州戲文拙作改易題目，未獲通知。惟《明板潮州戲文五種板本考略》一題，有不妥之處。（一）"板"字重出。（二）戲文有二種是寫本，不是刻板。（三）文中只一部分談及板本問題，不少是采用牛津龍彼得君意見，不欲掠美。玆提議改爲《明代潮州戲文五種説略》，較爲妥當。乞與廣東出版社談及，切切改正。

余將於八月一日與小女及藝術系研究生許雪輝（研究西北佛窟）同飛烏魯木齊，再往吐魯番，出席敦煌吐魯番第二屆大會，十二日事畢返港。胡守爲兄不知有暇前往否？

上月在杭州，又與趙誠作西湖盡日之遊。最難忘者，爲姚公孝遂[1]夫婦及其門人在曹錦炎家中晚宴，菜廿多樣，樣樣新摘，鮮蔬湖魚，皆可口之味。頻年所食雪藏之物，已乏"本味"，此次爲多年首次快朵頤之美舉，"盛筵"不知何時可再？

此遭第三次接觸河姆渡遺物，倍感興趣，計劃如擬就，盼寄示。

① 姚孝遂，古文字學家，吉林大學教授，時方帶領團隊在杭州編纂《殷墟甲骨刻辭摹釋總集》、《殷墟甲骨刻辭類纂》等書。

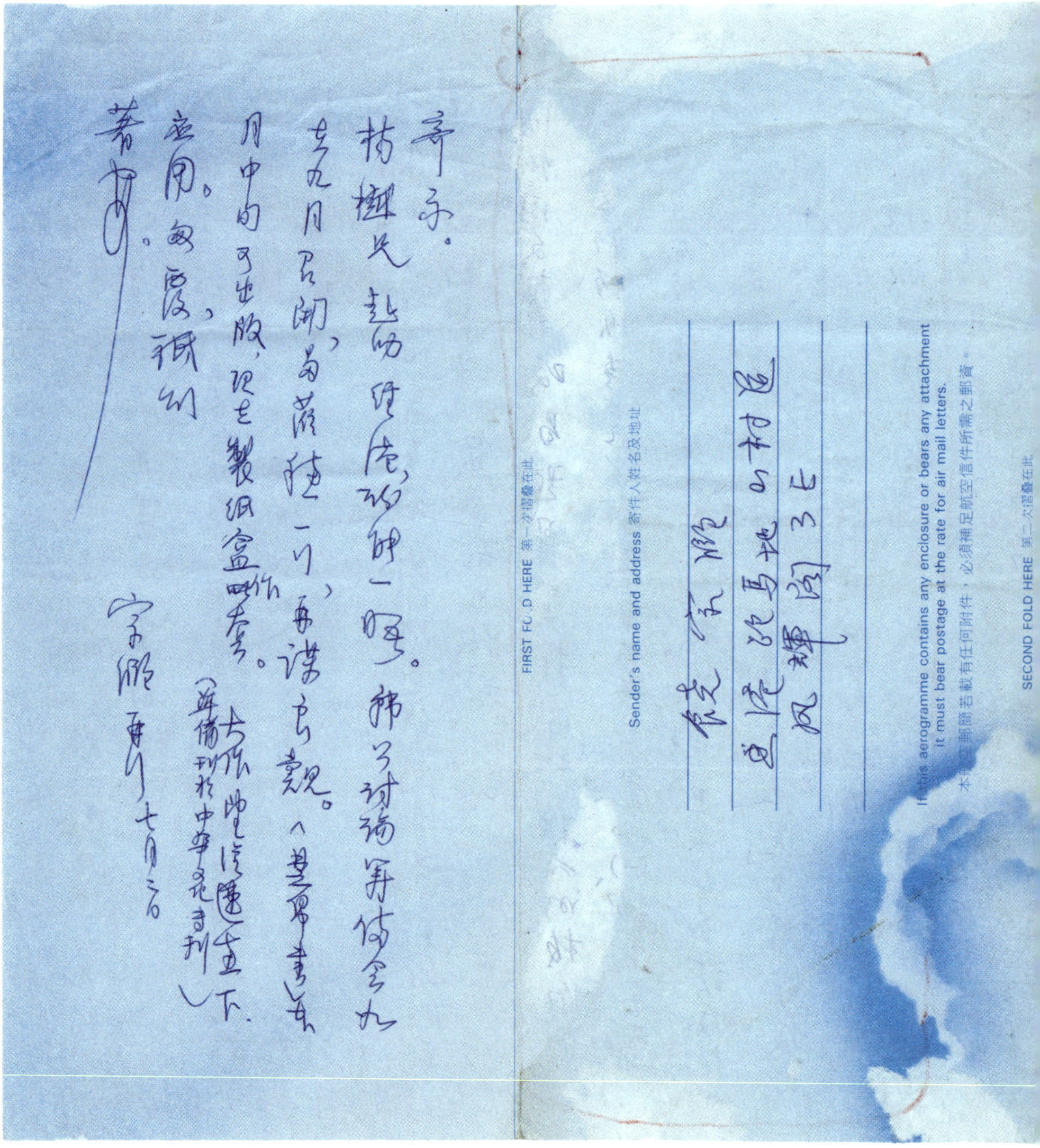
吾兄：
楞樵兄赴澳經港，得聆一晤。弟正討論寫作全如
去九月召開，為蒞陸一行，再謀良覿。（甚字書在
月中旬可出版，現已製紙盒作套。（大作四隸選在下，準備刊於中華文化書刊）
惠閱。匆復，祗頌
著祺。
宗頤再拜　七月二日

FIRST FOLD HERE 第一次摺疊在此
Sender's name and address 寄件人姓名及地址
饒宗頤
香港跑馬地山村道
鳳輝閣3E
If this aerogramme contains any enclosure or bears any attachment it must bear postage at the rate for air mail letters.
本郵簡若載有任何附件，必須補足航空信件所需之郵資。
SECOND FOLD HERE 第二次摺疊在此

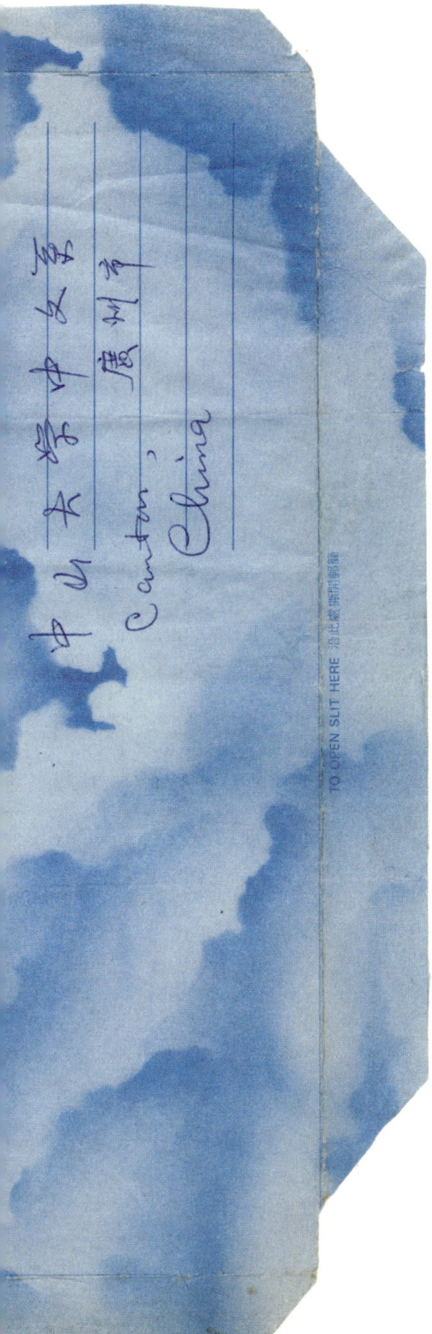

楊樾兄赴叻經港，盼能一晤。韓公討論籌備會如在九月召開，當蒞穗一行，再謀良覿。《楚帛書》本月中旬可出版，現在製紙盒作套。大作望從速惠下應用（準備刊於《中華文化》專刊）。匆覆，祇頌

著安。

宗頤再拜

七月二日

INSTITUTE OF CHINESE STUDIES
THE CHINESE UNIVERSITY OF HONG KONG
SHATIN, THE NEW TERRITORIES, HONG KONG. TELEPHONES: 12-612211
TELEPHONE: 0-6352393
電話

香港中文大學
中國文化研究所
香港新界沙田・電話'一二'一六一二二一一

Reference:

憲通兄：日前交姜伯勤君轉上

大作在中華文化刊出之文，來函並及

楚帛書印刷標精，出版在即，弟定於

九月七日—十九日在穗參加韓愈學術籌

備會議，你能否對，宗高兄閱有若干

問題須商榷者，望即刊函告，以便臨

面時可以集中面談，專此奉聞

時祺

新曦兄均此致候

宗頤啓　八月廿五

（三七）一九八五年八月二十一日

憲通兄：

日前交姜伯勤君轉上大作在《中華文化》刊出之文，想荷鑒及。《楚帛書》印刷極精，出版在即。弟定於九月七日—九日在穗參加韓愈學術籌備會議，盼能晤對。守爲兄聞有若干問題須商榷者，望其即行函告，以便晤面時可以奉覆。專此。祇頌

時安。

宗頤啓

八月廿一日

新魁兄均此致候。

憲通兄：

得廿七日手書，知 貴校第局即將擢升兄為教授，可喜可賀！原填表評審意見，為據實敷陳，非敢阿其所好也。日前中華書局錢深雲君來告，即將攜"甚卑書"往京、渝各地，順道入穗，呈交 兄處。此際想經已收到。此書印刷，堪稱第一流，如此豪華本，殊足珍異。內地本料必樸素，可以廣其流傳，企予望之。商老得讀 大著文字編，定必擊節讚歎！南生先生見之，諒亦驚異。

饒公討論會籌備會期間各段變，則尚未定。公之赴會有阻，尊事亦先填好寄來，請即交 天驥教授。日前自西安經穗返港，只有二三小時，故未拜訪各位，僅與馬稱山一面。廣州繁榮，大非昔比，可謂日進千里！請告知 王季思先生：彼將拙文論張惠言"詞選"之文與"詞學"第五期已在第三輯刊出，至謝其推介之力。此間友好聞 兄將有擢升之事，莫不額慶，囑為致賀。吳越文化計劃候中大示知。匆此 即頌

鐸安。伯齡兄祈代致候。

宗頤拜　八月廿一日

（三八）一九八五年八月三十一日

憲通足下：

得廿七日手書，知貴校當局即將擢升吾兄爲教授，可喜可賀！屬填具評審意見，當據實敷陳，非敢阿其所好也。日前中華書局鍾潔靈君電告，即將持《楚帛書》往京、渝各地，順道入穗，呈交足下。此際想經已收妥。此書印刷，堪稱第一流，如此豪華本，殊足珍異。内地本料必樸素，可以廣其流傳，企予望之。商老得讀大著《文字編》，定必擊節讚歎！南生先生見之，諒亦驚異。

韓公討論會籌備會期間有改變，刻尚未定。恐久延有阻尊事，兹先填好寄奉，請即交天驥[①]教授。日前自西安經穗返港，只有二三小時，故未探訪各位，僅與馬冰山[②]一面。廣州繁榮，大非昔比，可謂日進千里！請告知王季思先生，彼將拙文《論張惠言詞選》交《詞學》，現已在第三輯刊出，至謝其推介之力。此間友好聞兄將有擢升之事，莫不額慶，囑爲致賀。吴越文化計劃，便中乞示爲盼。匆頌

鐸安。伯勤兄祈代致候。

宗頤再拜

八月卅一日

---

① 黄天驥，古典文學專家，時任中山大學中文系主任。

② 馬冰山，革命家，文學家，曾任廣東人民出版社社長。

憲通兄：十八日手及「文物考古」三册均收到，偏了！陳平原文蜀字之說，衡以文例，自較安。惟細思，蜀事之本字，字無勉強，果亦非蜀，雖經王家祐及川籍學者改釋為帛。我人亦無帛書》中十二月名只言「是否可定」：「附存其說」，不作肯定。等於對前說存疑，仍有保留，讀者自能了然！童恩正七上日到金山，談次彼甚希望他能再來相處，希望對東南亞及中外關係問題可有進修機緣，十分誠懇。余亦將回信，「西南文化」一文已修，請為訂正。

近時有一度（赴新加坡途中在車上）微覺暈眩，幸已停講。診查結果，為血壓微低，無甚關係，現已康復。吳越文化事，兄與我近日仍忙，擬暫押後，再作商量計劃。　兄學術事務方基本通過，於上級諒無問題，可喜可賀！

新魁兄想亦相同，請為致意問候。附上去歲在文心雕龍會議中論文，請彼評正。

（三九）一九八五年十一月二十四日

憲通如晤：

十八日示及《文物》、《考古》三册均收妥，謝謝！

陳平君文蜀守之説[①]，衡以文例，自較妥。惟細看影摹之本，“守”字甚勉强，亦非蜀，難怪王家祐及川寧另行改釋爲皋[②]。我人在《楚帛書》中十二月章只言“是否可定……附存其説”，不作肯定。等於對前説存疑，仍有保留，覽者自能了然！

童恩正兄上日到舍下款談，彼甚希望他日能再來相處，希望對東南亞及中外關係問題，可有進修機緣，十分誠懇。余亦將舊作《西南文化》一文交彼，請爲訂正。

近時有一度赴新界途中，在車上微覺暈眩，是日停講。診查結果，爲血壓微低，無甚關係，現已康復。

吴越文化事，兄與我近日仍忙，擬暫押緩，再徐商妥計劃。兄學銜事，校方基本通過，想上級諒無問題，可喜可賀！新魁兄想亦相同，請爲致意問候。附上去歲在《文心雕龍》會議中論文，請彼評正。

---

① 指陳平《“蜀月”、“蜀守”與“皋月”小議》（《文博》1985年第5期）一文關於1972年四川涪陵小田溪出土銅戈銘文中“蜀守”二字的意見。“蜀守”之釋前已見《考古》1976年第1期于豪亮文和《文物》1976年第7期童恩正、龔延萬文，詳見陳文引述。饒公《從秦戈皋月談〈爾雅〉月名問題》（《文物》1983年第1期）釋爲“皋月”。

② 王家祐、劉盤石《涪陵考古現發現與古代“巴國”歷史的一些問題》，《文物資料叢刊》第七輯，文物出版社1983年；四川省博物館《四川文物考古工作三十年》，《文物考古工作三十年》，文物出版社1979年。

國內屢要求欲為撰寫余之生平及學術貢獻，深感其意，不敢隨便下筆。（山西學刊曾載學人介紹似稍濫）。南京大學高國藩君專函，（并告知日書研究引起北京方面之重視）請查資料（附上影本）經考慮後，將季老序文交香港明報月刊卅周年紀念號發表，以後可將季老之文塞責。此篇大約明春一月面世，此事未與守為兄先行商量，十分冒昧。因明報月刊有時亦由新華社供稿，想無大礙。惟現已追補，懇將此情形代為陳述，諒可獲其同意。并請其將拙選集各篇審校，叢稿盡速寄示，當照改正。高君來札提出予守為先生一看。

另有一事奉詢：近見復旦大學祝敏申兄之《大學書法》頁71楷書附圖2為西晉左傳寫本。此一資料，向所未聞，不知自何出處，盼為一查見示。

拙編《敦煌書法叢刊》廿九冊，本年底可以出齊，此事已暫告一段落。三大工作現只存甲骨文字一項，所內卡片已運滬，度歲居此可以安心工作，已無其它干擾矣。

謹賀新禧，并頌潭福一切安吉。

宗頤手啟 十一、廿四

國内屢要求欲爲撰寫余之生平及學術貢獻，深感慙恧，不敢隨便下筆（《山西學刊》等載學人介紹似稍濫）。南京大學高國藩君專函請惠資料（并告知《日書》研究引起北京方面之重視）（附上影本）。經考慮後，將季老序文交香港《明報》月刊廿周年紀年號發表，以後可將季老之文塞責。此篇大約明春一月面世，此事未與守爲兄先行商量，十分冒昧。因《明報》月刊有時亦由新華社供稿，想無大礙。彼現已返穗，懇將此情形代爲陳述，諒可獲其同意。并請其將拙選集各篇審校簽條，從速寄示，當照改正。高君來札請出示守爲先生一看。

另有一事奉詢：近見復旦大學祝敏申③君之《大學書法》頁71楷書附啚2爲西晋《左傳》寫本。此一資料，向所未聞，不知出自何處？盼爲一查見示。

拙編《敦煌書法叢刊》廿九册，本年底可以出齊，此事已暫告一段落。三大工作現只存甲骨索引一項，所有卡片已運滬。建華從此可以安心工作，已無其它干擾矣。禮平新婚，可以澄清一切，亦堪告慰。

宗頤手啓

十一、廿四

③ 祝敏申，畢業於復旦大學中文系，後至澳大利亞從巴納教授攻讀博士學位。

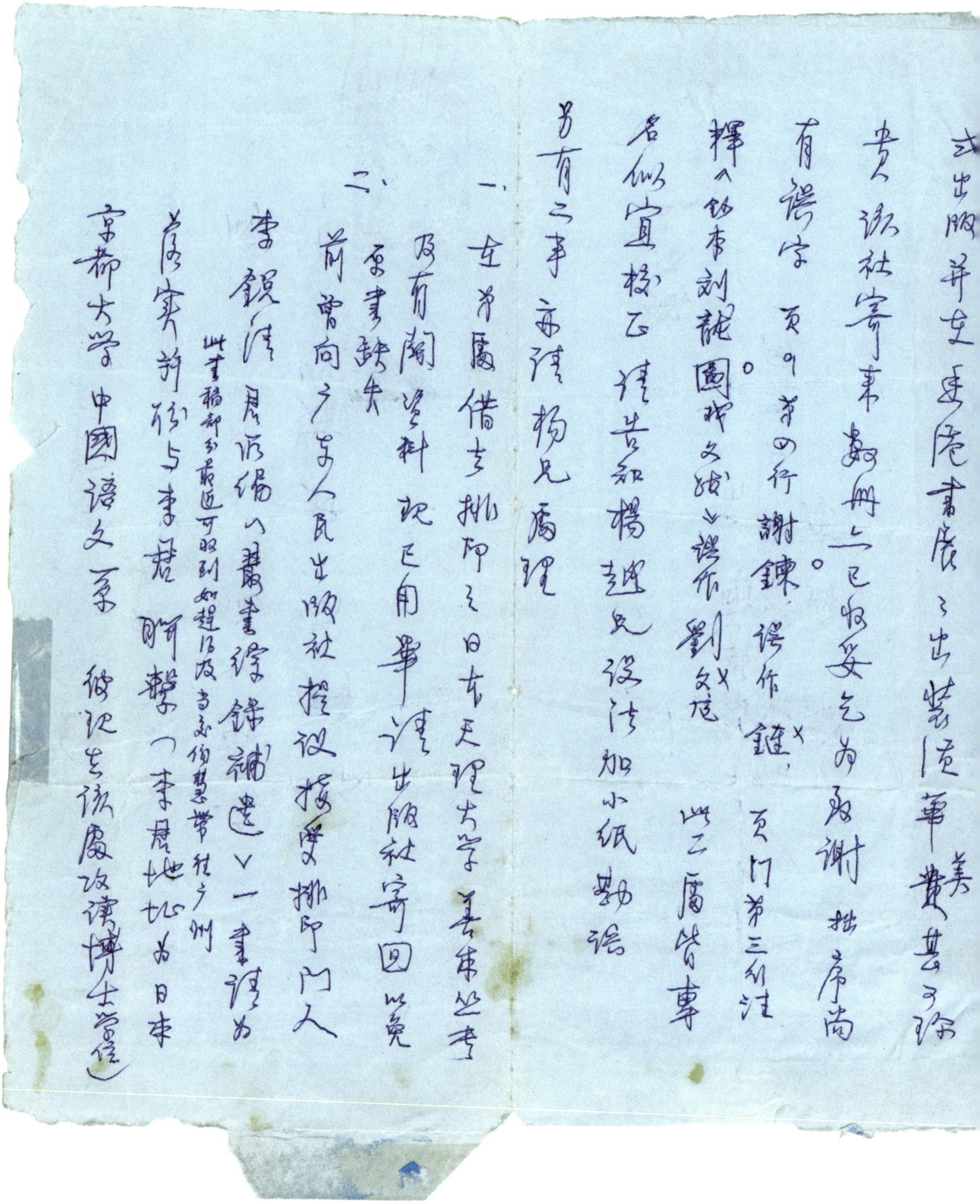
此出版，并在去年書展之出，裝潢華美，費甚多珍
貴。該社寄來數冊，亦已收妥，乞為致謝。拙序尚
有誤字：頁四第四行「謝鍊」誤作「鏈」，頁门第三行注
釋八「鈔本劉龍圖代文館」誤作「劉文龍」。此二處皆專
名，似宜校正，請告知楊越兄，設法加小紙勘誤。
另有二事，再請楊兄處理：
一、去年曾借去拙印之日本天理大學善本叢書
及有關資料，現已用畢，請出版社寄回，以免
原書缺失。
二、前曾向广东人民出版社提議，接受拙印门人
李銳清君所編《叢書綜錄補遺》一書，請為
（此書稿部分最近可收到，如趕得及，當託伯慧帶往广州）
落實，並與李君聯繫（李君地址為日本
京都大學中國語文系，彼現在該處攻讀博士學位）

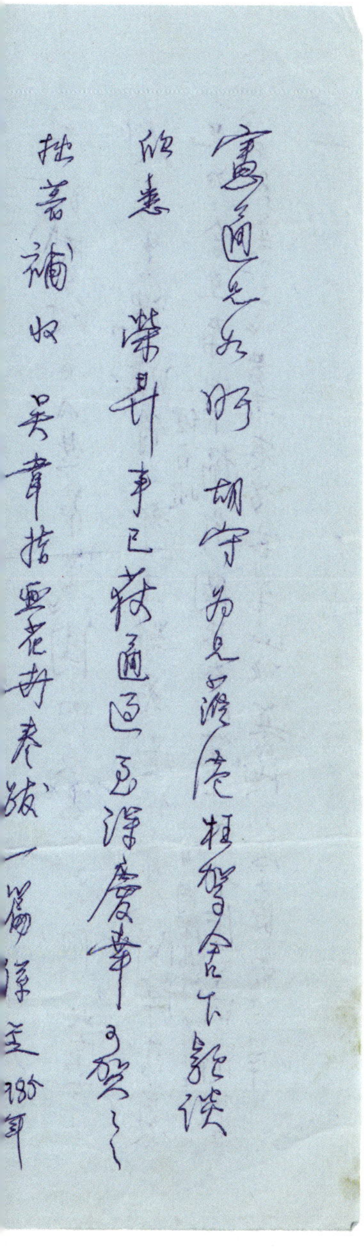
憲通兄如晤　胡守爲兄蒞港枉駕舍下款談
欣悉　榮昇事已獲通過至深慶幸可賀可賀
拙著補收　吳韋指畫花卉卷跋一篇係從1985年

（四〇）一九八五年十二月二十日

憲通兄如晤：

胡守爲兄蒞港枉駕舍下款談，欣悉榮昇事已獲通過，至深慶幸，可賀可賀！

拙著補收《吴韋指畫花卉卷跋》一篇，係從1985年北京《美術史論》第二期轉載，懇代爲告知胡兄。

廣東人民出版社新刊《明本潮州戲文五種》已正式出版，并在香港書展展出，裝潢華美，甚可珍貴。該社寄來數册，亦已收妥，乞爲致謝。拙序尚有誤字，頁9第四行“謝鍊”誤作“鏈”，頁17第三行注釋“《鈔本劉龍圖戲文跋》”誤作“劉文龍”，此二處皆專名，似宜校正，請告知楊越兄，設法加小紙勘誤。另有二事，亦請楊兄處理。

一、在弟處借去排印之日本天理大學善本叢書及有關資料，現已用畢，請出版社寄回，以免原書缺失。

二、前曾向廣東人民出版社提議接受排印門人李鋭清君所編《叢書綜録補遺》一書，請爲落實，并盼與李君聯繫（李君地址爲日本京都大學中國語文系，彼現在該處攻讀博士學位）。此書稿部分最近可收到，如趕得及，當交伯慧帶往廣州。

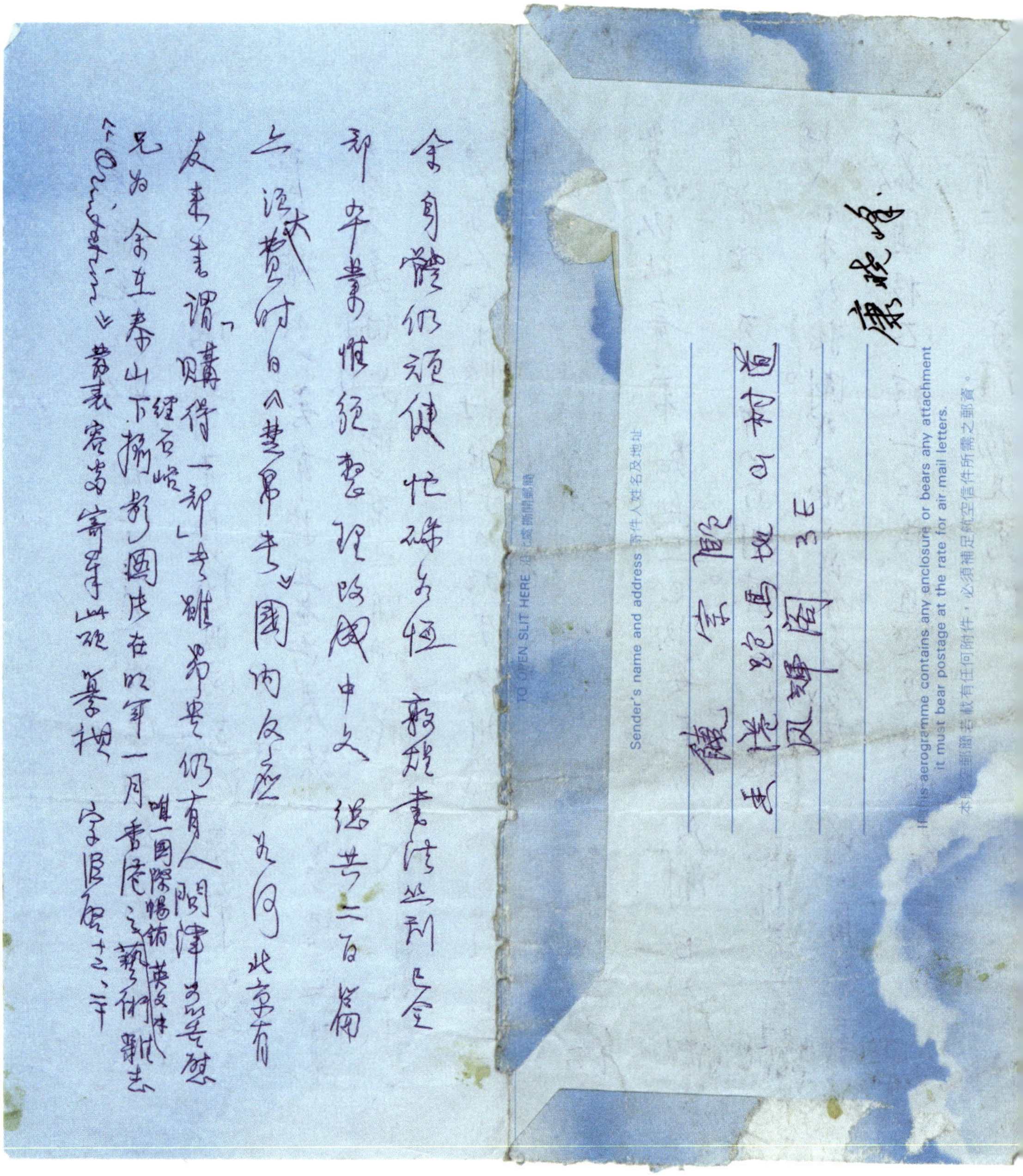

余身體仍頑健　忙碌如恆　敦煌書法叢刊已全部出書　惟須整理改成中文　総共二百篇亦須費時日《楚帛書》國內反應如何　北京有友來書謂「購得一部」書雖甚貴仍有人問津　甚慰兄為余在泰山下攝影經石峪圖片在明年一月香港之藝術雜志（唯一國際暢銷英文本）《Orientations》發表　容當寄奉　此頌
著祺
宗頤啟　十二、廿

TO OPEN SLIT HERE 由此撕開郵簡

Sender's name and address 寄件人姓名及地址

饒宗頤
香港跑馬地山村道
鳳輝閣 3E

If this aerogramme contains any enclosure or bears any attachment it must bear postage at the rate for air mail letters.
本郵簡若載有任何附件，必須補足航空信件所需之郵資。

康樂園

余身體仍頑健，忙碌如恆。《敦煌書法叢刊》已全部卒業，惟須整理改成中文，總共二百篇，亦須大費時日。《楚帛書》國內反應如何？北京有友來書謂“購得一部”，書雖昂貴，仍有人問津，可以告慰。

兄爲余在泰山下經石峪攝影圖片在明年一月香港之唯一國際暢銷英文本藝術雜志*Orientations*發表，容當寄奉。此頌

纂祺。

宗臣啓

十二、二十

敬以
年譽 此殷
憲通也 字頌

殷代人面方鼎銘曰大禾亦大有年也可讀為太和易乾卦保合太和乃利貞
選堂識

以前兄所教泰山經石峪四尺本月份在英文東方刊出奉上一本請
惠存

（四一）一九八六年一、二月間[①]

敬頌
年釐。此致
憲通兄。

宗頤

以前兄所影泰山經石峪照片本月份在英文本《東方》刊出，奉上一本請惠存。

---

① 此信書於賀年卡片上，未署日期，據內容可推定在1986年春節前後。另有1986年2月14日信封，疑與此信相配。

INSTITUTE OF CHINESE STUDIES
THE CHINESE UNIVERSITY OF HONG KONG
SHATIN, THE NEW TERRITORIES, HONG KONG. TELEPHONES: 12-612211

香港中文大學
中國文化研究所
香港新界沙田・電話'一二'一六一二二一一

Reference:

憲通吾兄：三月十六日手書拜悉。
廣東人民出版社來函事，前要記呈下，代收附上。
頃接楊君函，請予撥給。
關於我人合著之書題刊事，尚屬可行。擬命名為
《曾楚秦出土文獻三書》（一）隨縣鐘磬銘辭（二）長沙子彈庫
帛書（三）雲夢日書（此係年代先後排列）另一方式擬作（惟曾不成單位似不諧）
《秦楚出土文獻三書》，則書名較簡，亦按年代，而以楚兼包隨縣及
長沙帛書二種，用者合宜，請兄考慮見示，再寫書名以
備製版。增訂部分我擬在隨縣書加上（一）《鐘律再說》（二）《曾侯鐘
跋與中國文化》（講稿）。日書增（一）《日書之五行說及納音說》（二）《日書
睡簡廿八宿擇吉》等文，兄可加一二篇，月餘脫稿。
至於隨縣一書，如需要重新謄寫一次。其中尚有誤字，
或需有更動處。望兄請人鈔正，恐多費時日，如何乞示。
余已有函與趙誠，不知彼有覆函至滬。我則將與佛雛、清宇於廿
六日飛上海，為可與林巢文安一晤，然後往武夷山一遊，卅一返港。
五月廿日可能來穗，屆時再聯絡。此頌
著祺。
宗頤 頓 三月廿三日

李零之書不知北京已出版否？

（四二）一九八六年三月二十一日

憲通吾兄：

三月十六日手書拜悉。

廣東人民出版社稿酬事，兹委託足下代收。附上致焜煬君函，請與接洽。

關於我人合著三書匯刊事，尚屬可行。擬命名爲《曾楚秦出土文獻三書》，（一）隨縣鐘磬銘辭，（二）長沙子彈庫帛書，（三）雲夢日書。（此依年代安排，惟“曾”不成單位，後亦歸楚。）另一方式擬作《秦楚出土文獻三書》，則書名較簡，不按年代，而以“楚”兼包隨縣及長沙帛書二種。何者合宜？請兄考慮見示，再寫書名以備製版。增訂部分，我擬在隨縣書加上（一）《鐘律再議》，（二）《曾侯鐘銘與中國文化》（講稿）。日書增（一）《日書之五行説及納音説》，（二）《日書賸義》，（三）《廿八宿撰異》等文。兄可加一二篇，目録盼示。至於隨縣一書，如是安排，需要重行賸〈謄〉寫一次。其中尚有誤字，或略有更動處。望兄請人鈔正，恐多費時日。如何乞示。

余已有函與趙誠，不知彼有無暇至滬。我則將與偉雄、清芬[1]於廿六日飛上海，當可與建華父女一晤，然後往武夷山一遊。卅一返港。

五月卅日可能來穗，屆時再聯絡。匆頌

著祺。

宗頤啓

三月廿一日

李零之書不知北京已出版否？

---

① 饒清芬，饒公女公子。

附曾憲通一九八六年四月十六日回函

選堂吾師：

三月廿一日大教奉悉，劉焜煬先生書亦已轉致。頃接廣東人民出版社郵匯吾師大作稿酬人民幣150元，暫存我處，先生需購何書或充其它應用，盼示曉，一定照辦。日前見古籍書店有《秦漢魏晉篆隸字形表》一巨册，是《漢語古文字字形表》的續編，爲徐中舒先生主編，書價￥42元，不知先生需要否？

吾師上海之行除晤沈之瑜先生和建華外，不識見趙誠兄否？按趙兄意思，在港出版三書均重新按《古文字研究》的板式手寫，以縮小篇幅，減少讀者負擔。至於書名，先生所提二名似稍繁冗，經與新魁兄商議，是否可以《楚地出土文獻三種研究》作爲新的書名，避免與原來三書的糾葛，比較主動。楚地從地域言，似可兼包隨縣、南郡，從内容看，曾鐘與日書均具楚的特色，將來在出版説明中略加説明即可。問題是日書時代屬秦，仍稱楚地是否妥當，敬請先生裁定。增訂部分，晚擬新加《秦簡“日書”甲乙本校異》及《曾侯乙編鐘銘文與古樂律》二篇（《關於釋讀曾侯乙編鐘銘文的若干問題》——古文字研究會

84年西安年會論文），不知可否？撰成當請先生斧正。這樣，將三書合爲一書，内容又有增補和改動，似可作爲在國内出版的新書。李零書至今仍未出版，上次問過趙誠，他説還在工廠。我們這部書最好待李書出版後才發行，《帛書》部分還可據李書適當修正。這部書因爲要全部重抄一遍，頗費時日，待選定抄寫者之後，便按計劃謄寫。先生新作及原書有重要修改者，請複印一份備用。新書目録如何排定，也請指示爲感。

《隨縣曾侯乙墓鐘磬銘辭研究》去年二月已出書，後中大出版社來函言銷售頗快，準備重印，不知後來重印没有？書已出版年餘，不知有版税否？便請告知。何鎮中先生仍在大學出版社工作嗎？久無聯繫，念念。香港中華書局鍾潔雄女士約請新魁和我主編一套"香港人學普通話"叢書，已邀家教師、伯慧兄等撰述。今天鍾等自港來穗，落實編寫協約，將陸續在今年内成書。先生何時來穗，是否與禮平兄同行，盼先行通知，以便聯繫。

耑此，敬頌

撰安。

生曾憲通拜上

四月十六日

甚多。中華曾到舍下要求計劃搞，至
兄方面可得協助出版，不知如何處理？請由
弦示。弟存兄處之手迹，皆從社拿費，擬購下
刊之書：
新版金文編及英國甲骨錄（英國甲骨是
齊文心所着，諒不久可問世，此書最好先寄上海
借建華小之用。如上海蒙東字部表，不知可否寄下？
昨聞何鎮中表兄，說六月間有第二度結賬以歸。
《隨縣鐘磬》一出，北京音樂雜誌方請文介紹。
近方草完《也說古樂律志》有關論文，已寄出。法京九月論
文由手胺稿，談春秋禮制。今年各處會議甚多，不少
已謝絕。上海之行，因明年需程寫全唐筆記，

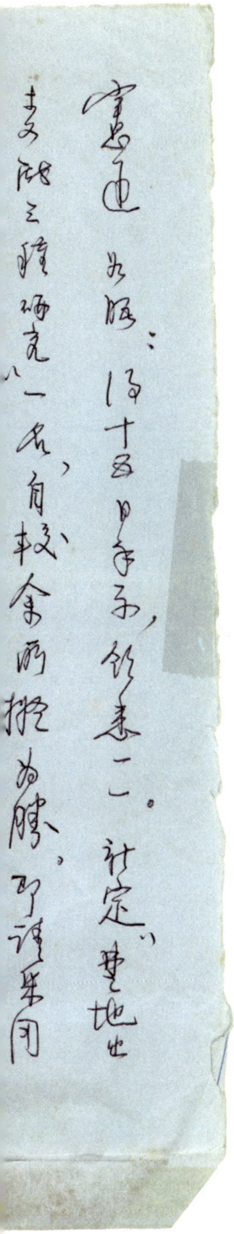
憲通吾兄：得十五日手示，領悉一一。新定《楚地出土文獻三種研究》一名，自較余所擬爲勝，即請采用

（四三）一九八六年四月二十七日

憲通如晤：

得十五日手示，領悉一一。

新定《楚地出土文獻三種研究》一名[1]，自較余所擬爲勝，即請采用是稱。兄新著《曾侯乙鐘》一文，如有副本，盼以影印一份寄下，以供參考。此書重抄，必花時間不少。

五月份有二個國際會議：一爲中國畫研討會，一爲瑶族討論會，皆須參加。瑶族會有粵北之行，是否參與尚未定。

《楚帛書》中華曾到舍下略計寫作版税，吾兄方面可得港幣1300元，不知如何處理？便中盼示。弟存兄處廣東出版社稿費，擬購下列之書：

新版《金文編》，及《英國甲骨録》。《英國甲骨》是齊文心所著，諒不久可問世。此書最好先寄上海供建華之用。加上《篆隸字形表》，不知不敷否？

昨聞何鎮中來電，謂六月間可有第二度結賬，順告。

《隨縣鐘磬》一書，北京《音樂雜志》有短文介紹。

近方草完汕頭大學韓愈有關論文，已寄出。法京九月論文尚未脱稿，談春秋禮制。今年各處會議甚多，不少已謝絶。上海之行，因明年敦煌學會將在港舉行，與其商借絲綢

---

①《楚地出土文獻三種研究》一書後於1993年由中華書局出版。

AEROGRAMME
TO OPEN SLIT HERE 沿此處撕開郵簡
Sender's name and address 寄件人姓名及地址
If this aerogramme contains any enclosure or bears any attachment it must bear postage at the rate for air mail letters.
本航空郵簡若載有任何附件，必須補足航空信件所需之郵資。
SECOND FOLD HERE 第二次摺疊在此
HONG KONG 4-PM 28 APR 1986
EIIR $1.30 HONG KONG 香港

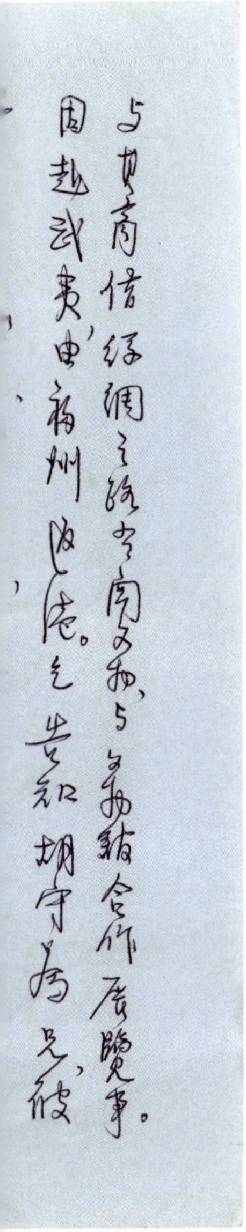
与英商信絲綢之路有關文物，与文物館合作展覽事。因赴武夷，由福州返港。乞告知胡守爲兄，彼

之路有關文物，與文物館合作展覽事。因赴武夷，由福州返港。乞告知胡守爲兄，彼寄來之校稿均拜收，日間即可送回。

中大人事，明年必大變動。鄭公久病，馬校退休，不知如何。匆匆覆頌

著祺。

宗頤

四月廿七日

……不必攜帶了。台書譜書內已出版，當未見到。

英惠所作，再將刀其之弟尚之男校訂一遍。此

贈得一篇「諸布先生肆」，所謂馮藏者，即先生從去

134頁，考證細與第七十比較，或可再寫一文。

鼓浪言：日本貝塚等將參加殷史會議，故

改於明年去安陽等行。今歲古文字學會議則地點

在烟台云云。　鼓浪攜書告：下學期伯精思可能

至港大客串一時期。請去紐約彼，我尚盼與大學週

年　旅祝之摯盡，不久可以趙先生報上。下年余或在

港大兼任教授，講授詩學。一人而兼之間大學

之課，自是臨時之計，以後仍須再調整。匆匆布悃，即以

著綏

宗頤手　七月廿日

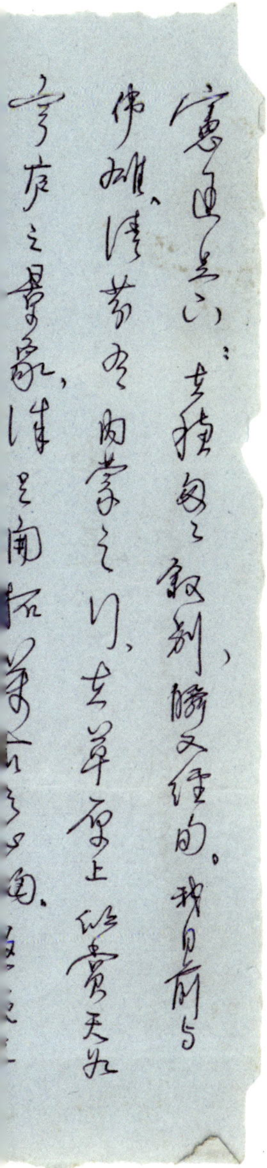

（四四）一九八六年七月七日

憲通足下：

在穗匆匆敘別，瞬又經旬。我日前與偉雄、清芬有内蒙之行，在草原上欣賞天如穹廬之景象，誠足開拓萬古之心胸。返港在北京停一天，得與趙誠把晤，據稱鈔書帋已取得，欲寄廣州需時一月以上。問及不知有便人至京可攜帶否？李零書聞已出版，尚未見到。甚思看後，再將《楚帛書》略校訂一遍。頃購得《馬王堆帛書［肆］》，所謂禹藏啚，即在該書134頁，容仔細與帛書比勘，或可再寫一文。

趙誠言：日本貝塚[1]輩將參加殷史會議，故改於明年在安陽舉行。今歲古文字學會議地點則在煙臺云云。趙令揚[2]電告：下學期伯慧可能至港大客串一時期。請告知彼：我爲暨大八十週年頌祝之拙畫，不久可交趙君轉上。下年余或在港大兼任教授，講授詩學。一人而兼三間大學之課，自是臨時之計，以後仍須再作調整。匆匆布悃，即頌

著綏。

宗頤再拜

七月七日

① 貝塚茂樹，日本漢學家，京都大學教授。

② 趙令揚，香港大學中文系教授。

INSTITUTE OF CHINESE STUDIES
THE CHINESE UNIVERSITY OF HONG KONG
SHATIN, THE NEW TERRITORIES, HONG KONG. TELEPHONES: 12-612211

香港中文大學
中國文化研究所
香港新界沙田・電話：一二—六一二二一一

Reference:

憲通吾兄如晤：頃八月十六日手示，知與趙誠兄有同路之行，甚好。璞已返港矣。前寄《金文編》及《金文補編》二種想已拜收，餘之。

請告知饒伯驥兄我赴法時間。久已寄去拙畫一幅，及大千翁處一段資料收到矣。

我將於九月廿日赴法京，出席在Sorbonne舉行之世界禮学會議，提論文，撰將副本寄北京李老處，因內中涉及中印比較，請以一份轉致楊伯峻先生。以廿六日返港。此次港中中國文化促進中心為我籌辦學術活動五十周紀念及慶七十壽辰之書畫展，剛正在展覽中。東西方与童恩正君合作事，實無暇及此，僅將舊作以西南文化，請其提供意見而已。

中大研究所考古中心，仍由鄭公挂名，以楊建芳代理，余已拒絕任高研。故馬校長已改為研究所講座教授，兩方接受。港大方面聘余為中文系榮譽講座教授，為期三年，自九月一日開始，以後活動重點，似須移至港大矣。吳越文化計劃，仍須延緩，無可如何！烟台之會議不擬參加。近見李零及何琳儀二君對楚繒書之著作，甚望兄將所見逕便見告，俾可參考，作進一步之研討。許學仁兄並乞致意。此頌

著祺

宗頤　九月十日

（四五）一九八六年九月十日

憲通吾兄如晤：

得八月十六日手示，知與趙誠兄有汕頭之行，想此際已返穗矣。惠寄《金文編》及《金石補編》二種均已拜收，謝謝。

我將於九月廿日赴法京，出席在Sorbonne①舉行之世界禮學會議。（拙作論文擬將副本寄北京季老處，因内中涉及中印比較；並以一份轉致楊伯峻②先生。）廿六日返港。請告知詹伯慧兄我赴法時間。久已寄去拙畫一張，爲暨大八十校慶致賀，料收到矣。

此次港中中華文化促進中心爲我舉辦學術活動五十週紀念及慶七十壽辰之書畫展，刻正在展覽中。來函言與童恩正君合作事，實無暇及此，僅將舊作《西南文化》請其提供意見而已。

中大研究所考古中心，仍由鄭公挂名，以楊建芳代理，余已拒絶任高研。頃馬校來函，改爲研究所講座教授，尚可接受。港大方面，聘余爲中文系榮譽講座教授，爲期三年，自九月一日開始。以後活動重點，恐須移至港大矣。吴越文化計劃，仍須延緩，無可如何！煙臺之會，恐不能參加。近見李零及何琳儀③二君對楚繒書之著作，甚望兄將所見能逐條見告，俾可參考，作進一步之研討，竚望惠示，無任翹企！此頌
著安。

宗臣啓
九月十日

---

① 巴黎索邦大學。

② 楊伯峻，語言學家，文獻學家，中華書局編審。

③ 何琳儀，古文字學家，時發表《長沙帛書通釋》，《江漢考古》1986年第1、2期。

香港中文大學

憲通吾兄：

疊奉惠函，謝謝！脩校事，不必介懷！自法京返港不久，又有南昌之行。在穗只留若干小時，由徐經柳兄接機，未告知我兄，歉歉！長島會議情況及錄音資料，審細讀。兄新自北京返，聞於其地之出土，保定同行重視，亟盼所懸。有關某篇資料，吳式芬論天字甚是，高明以為何如？云各家以十三行文列前，與彭見相符。何琳儀一文頗多新見，有若干地方可以采用，容細細斟酌之取。惟"宀"字為"虍"屬，以虞、虐等文例之，決非从虍者，是矣，乃此篇字書錫主讀為帝訓害者也。因將赴滬，不及仔細改訂，須稍延。莊威鳳 見當細談。十二月六日回港。又近時重理編鐘，有關新論文可得若干篇。美國音樂家墨以鐘銘資料，不審為安昌節八音師，雖操子附受巴比侖影響。近方寫集宮閱林文頌，重寫一文以答其說，不必收入"三書"之內，俟另門處理。赴穗時議學事，以後請節為宜，附去段守為兄之代函。匆匆

撰祺！

宗頤 手上　十一月廿五日

姜伯勤、李新魁諸兄附候不一。

香港新界沙田　電話：〇—六三五二一一 壹一
電報掛號　六三三一
專用電報訊號　五〇三〇一　CUHK HX

（四六）一九八六年十一月二十五日

憲通吾兄：

疊箋均拜悉，謝謝！版税事，不必介懷！自法京歸後，不久又有南昌之行。在穗只留數小時，由徐恆彬[①]兄接機，未告知我兄，殊歉！長島會議情況，及録示資料，容細讀。

兄新自北京返，關於楚地三書深受“同行”重視，至爲欣慰。有關楚帛資料，吴九龍論天字[②]，甚是。高明不同意各家以十三行文列首[③]，與鄙見相符。何琳儀一文頗重要，有若干地方可以采用，容細細斟酌去取。惟定“侮”字爲“虜”，以虘、虘等文例之，決非从虍。當是𧊒，乃是蚃字，裘錫圭讀爲螫，訓害[④]，是也。因將赴汕，不及仔細改訂，須稍延。莊威鳳[⑤]君當細談。十二月六日回港。

又近時重理編鐘，有關新論文可得數篇。美國音樂家譽此鐘銘資料，不啻爲世界第八奇跡；惟稱可能受巴比侖影響。近方蒐集有關文獻，重寫一文，以否定其説。不必收入《三書》之内，候另行處理。赴穗明歲講學事，以復活節爲宜。附函致守爲兄，乞代致。匆頌撰祺。

宗頤再拜

十一月廿五日

姜伯勤、李新魁諸兄附候不一一。

---

① 徐恆彬，考古學家，廣東省博物館研究員。

② 吴九龍《簡牘帛書中的“夭”字》，《出土文獻研究》，文物出版社 1985 年。

③ 高明《楚繒書研究》，《古文字研究》第十二輯，中華書局 1985 年。

④ 裘錫圭《釋“蚩”》，《古文字學論集》初編，香港中文大學 1983 年。

⑤ 莊威鳳，曾任職北京天文臺，後調任汕頭大學副校長及圖書館館長。

元月五日函已拜誦，俱悉。貴校朱摩訶先生之函亦收妥，另行回覆。並定四月十六日抵穗，講題暫定

四方風名新義——從比較神話學討論遠古近東及印度對風與氣之看法

涉及梵文資料，當附英譯。擬全文先寫定，並作講述，恐不止一小時，故以講一次為宜。希望他系學生參加討論。演講時間最好在十七下午或十八早晨，十八下午可結束前往七星巖一行。

（四七）一九八七年一、二月間[1]

敬賀年禧，並頌闔府安吉。

饒宗頤祝

元月五日各函拜誦，謝謝。貴校朱摩訶[2]先生公函亦收妥。另行回覆。兹定四月十六日抵穗，講題暫定“四方風名新義——從比較神話學討論遠古近東及印度對風與氣之看法”。涉及梵文資料當附英譯。擬全文先寫定，然後講述，恐不止一小時，故以講一次爲宜。希望他系學生參加討論。演講時間最好在十七下午或十八早晨。十八下午可結束前往七星巖一行。

---

① 此信未署日期，據内容可推定在 1987 年 1、2 月間。另有郵戳爲 1987 年 2 月 3 日之信封，疑即與此相配。

② 朱摩訶，時任中山大學外事處處長。

饒宗頤：西北駝鈴

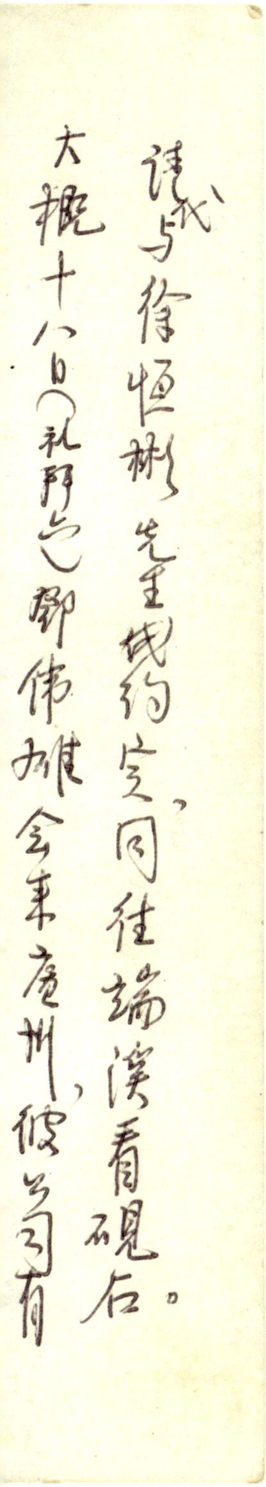
請代与徐恒彬先生約定，同往端溪看硯石。大概十八日（礼拜六）鄧偉雄会来廣州，彼公司有

請代與徐恆彬先生約定，同往端溪看硯石。大概十八日（禮拜六）鄧偉雄會來廣州，彼公司有車一部，可以供旅遊之用。

憲通足下

三月五日惠書敬悉。由於臨时有事，四月十六日赴穗日期推遲數天。已通知中文大學倫熾標君與中大方面聯系。茲再奉告詳细如下：

四月二十日（星期一）抵穗，請兄來接。車票订購後，倫君將發電報通知。（下午時間）

二十一日（星期二）講課。

二十二日（星期三）請芬與偉雄中午回到廣州，準備是日下午約徐恒彬先生偕往肇庆，住一宵。

二十三日　在肇路旅行。

二十五日　回港

徐先生处訓函已返穗，請代为聯絡，因时间畧有改動，一切須另行安排，并与有関部门妥為清楚。費神至謝。

《说文字詞典》将为书之条目，至谢〻！上海古籍出版社印我的文集，第二種为《梵學集》，收中、印関係文章廿餘篇。其中一篇是"唐以前十四音遺說考"，彼等認为非常重要，即先在本年首期之"中華文史論叢"印出。除梵学外，我亦譯有西亞"開闢史詩"（Enumaelis）稾本，當謀整理付印。餘俟

（四八）一九八七年三月十二日

憲通足下：

三月五日惠書敬悉。由於臨時有事，四月十六日赴穗日期擬改遲數天。已通知中文大學倫熾標君與中大方面關照。兹再奉告詳細如下：

四月二十日（星期一）抵穗，請兄來接。車票（9時半開）訂購後，倫君將發電報通知。

二十一日（星期二），講課。

二十二日（星期三），清芬與偉雄中午回到廣州，準備是日下午約徐恆彬先生偕往肇慶，住一宵。

二十三、四日，在南路旅行。

二十五日，回港。

徐先生此刻想已返穗，請代爲聯絡，因時間略有改動，一切須另行安排，祈與有關部門知會清楚，費神至禱。

《語言學辭典》將爲弟立條目，至謝至謝！上海古籍出版社印我的文集，第二種爲《梵學集》，收中、印關係文章廿餘篇。其中一篇是《唐以前十四音遺説考》，彼等認爲非常重要，即先在本年首期之《中華文史論叢》印出。除梵學外，我亦譯有西亞《開闢史詩》（Enumaelis）稿本，望能整理付印。餘俟面談。

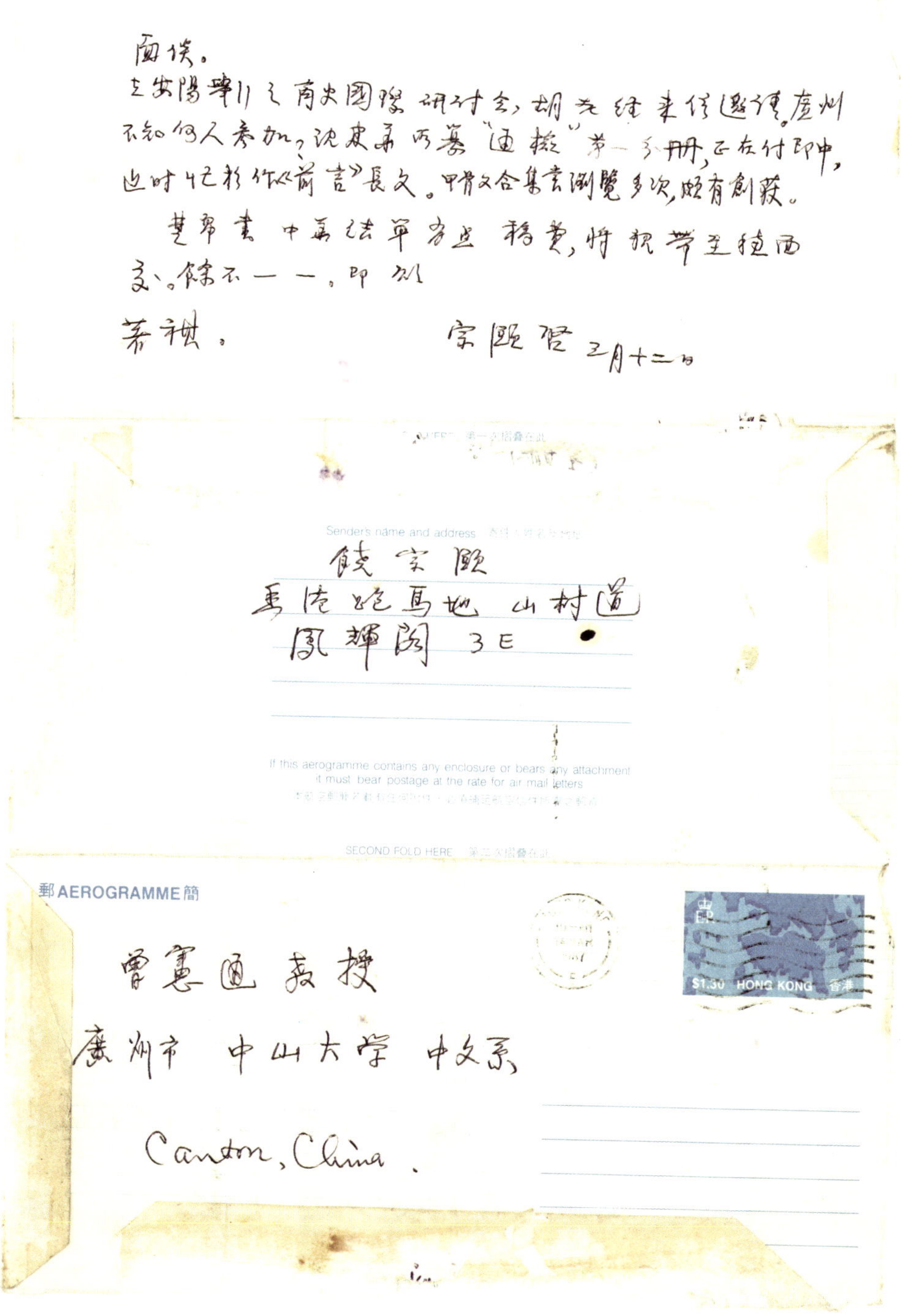

面談。

去安陽舉行之商史國際研討會，胡先生来信邀請。廣州不知何人参加？沈建華所纂"通檢"第一分冊，正在付印中，近时忙於作《前言》長文。甲骨文合集書瀏覽多次，頗有創獲。

楚帛書中華法第分出稿費，將托帶至後面交。餘不一一。即頌

著祺。　　　宗頤啓　三月十二日

Senders name and address 寄件人姓名及地址

饒宗頤

香港跑馬地山村道

鳳輝閣 3E

If this aerogramme contains any enclosure or bears any attachment it must bear postage at the rate for air mail letters

SECOND FOLD HERE 第二次摺疊在此

郵 AEROGRAMME 簡

曾憲通教授

廣州市 中山大學 中文系

Canton, China.

在安陽舉行之商史國際研討會，胡老經來信邀請。廣州不知何人參加？沈建華所纂《通檢》第一分册，正在付印中，近時忙於作《前言》長文。《甲骨文合集》嘗瀏覽多次，頗有創獲。

《楚帛書》中華結單有點稿費，將親帶至穗面交。餘不一一。即頌

著祺。

宗頤啓

三月十二日

憲通兄：

上次回港时，由于堵车，致兄等抵车站时，我已离去，不克叙别，殊怅。

此次上海东方音乐学会首届年会在沪召开，我不克参加，但提出论文为"曾侯乙钟律与巴比伦天文学"此稿已有一份存兄处。顷得上海音乐学院陈应时君来信说：

"您的论文已影印发给到会者，并由我代为宣读。大家对您的广博学识深为敬佩。在闭幕式上会长江明惇宣布，根据会员们的要求，和经过理事会的讨论，提议聘请您和（日本）岸边成雄先生为东方音乐学会的顾问。岸边成雄先生这次专程从东京来沪参加了年会，他表示同意学会的聘请。您在香港，我明天即启程去澳大利亚，我5月24日到达香港，再听先生关于应聘为学会顾问的回音"

这席话使我受宠若惊。今年我有关音乐论文二篇：一"说琴徽"被认为非常重要，即在"中国音乐学"第3期发表，一论敦煌琵琶谱的历史背景，即在"音乐研究"3期印出。拙文极受到音乐界之重视。由于"曾侯钟律"一书，我提出"钟律学"的研究题目，在乐界引起的影响，比古文字学界为大。此书重印，加上你一篇和我另外三篇，似乎可独立单刊，广为流传，主要是提供一般音乐学者的需要。如果这样决定，我即将重行阅读一次，并将其余二文订正寄上。如何希覆示。（请与赵诚商量）

清芬与伟雄今日赴穗，昨向贵中山大学请携带我所购书籍送至此地，承其带回，书已收妥，费神至深感。此候著祺

宗颐　五月十六日

（四九）一九八七年五月十六日

憲通兄：

上次回港時，由於堵車，致兄等抵車站時，我已離去，不克敘別，殊悵。

此次上海東方音樂學會首屆年會在滬召開，我不克參加，但提出論文爲《曾侯乙鐘律與巴比侖天文學》，此稿已有一份存兄處。頃得上海音樂學院陳應時君來信説：

> 您的論文已影印發給到會者，並由我代爲宣讀。大家對您的廣博學識深爲敬佩。在閉幕式上會長江明惇宣布，根據會員們的要求，和經過理事會的討論，提議聘請您和（日本）岸邊成雄先生爲東方音樂學會的顧問。岸邊成雄先生這次專程從東京來滬參加了年會，他表示同意學會的聘請。您在香港，我明天即啓程去澳大利亞，我5月24日到達香港，再聽先生關於應聘爲學會顧問的回音。

這席話使我受寵若驚。今年我有關音樂論文二篇：一《説琴徽》被認爲非常重要，即在《中國音樂學》第3期發表，一《説敦煌琵琶譜的歷史背景》，即在《音樂研究》3期印出。拙文極受到音樂界之重視。由於《曾侯鐘律》一書，我提出“鐘律學”的研究題目，在樂界引起的影響，比古文字學界爲大，此書重印，加上你一篇和我另外三篇，似乎可獨立單刊廣其流傳，主要是提供一般音樂學界的需要。如果這樣決定，我即將重行閲讀一次并將其餘二文訂正後寄上。如何希覆示。（請與趙誠商量）

清芬與偉雄今日赴穗。昨間電中山大學，請您攜帶我所購書籍送至厶地，交其帶回，想已辦妥，費神至感。此頌

著祺。

宗頤啓

五月十六日

INSTITUTE OF CHINESE STUDIES
THE CHINESE UNIVERSITY OF HONG KONG
SHATIN, THE NEW TERRITORIES, HONG KONG.　TEL.: 0-6352393-5
香港中文大學
中國文化研究所
香港新界沙田・電話"〇"六三五二三九三-五

Reference:

憲通兄：積雨新晴，又多時。奇來各書均已收妥。夢神已閱〻〻。法門寺佛剎字稱，上月曾晤林先生來港，亦加商談學會緣上，思得及閱《語言學字辭典》，對本紀載之資料，亦已寄去，來一覽大略方面負責人，當已收到矣。

茲寄上《甲骨文通檢・前言》之一，還望先生知道研究之四期刊出，準備以此作為參加本年度安陽舉行之商史討論會論文，目前請人照一份，寄北京胡老矣。主人聽之，認此文為董氏斷代後第二篇重要之文字，當有炸彈性之作品也。沸洪兄及足下有以指正之。商史之會，檀恒有何人參加？幾時動身？盼能見告。拙文〈四方風〉新義，不知已付印否？盼之，盼之。謹候暑後，手此以頌

著祺。

宗頤手上　八月六日

（五〇）一九八七年八月六日

憲通兄：

穗市一别，瞬又多時。寄來各書，均已收妥。費神至謝至謝!

法門寺佛刹寶物，上月季羡林先生來港參加敦煌學會議，亦略談及。關於《語言學家辭典》對弟紀載之資料，久已寄去，想暨大此方面負責人當已收到矣。

兹寄上《甲骨文通檢前言》一稿，先在《語文研究》[①]9期刊出，準備以此作爲參加本年度在安陽舉行之商史討論會論文，日前託人交一份與北京胡老矣。王人聰兄謂此文爲董氏《斷代》後第二篇重要文字，爲有炸彈性之作品。望煒湛兄及足下有以指正之。商史之會，穗垣有何人參加？幾時動身？望能見告。拙文《四方風名新義》不知已付印否？念念。匆匆，竚候覆示。此頌

著祺。

宗頤再拜

八月六日

① 指《中國語文研究》，香港中文大學中國文化研究所吴多泰中國語文研究中心編輯出版。

香港中文大學中國文化研究所
香港新界沙田

憲通兄：廿六日來函敬悉。今於九月十二日赴京，廿日特專往安陽。煒洪料已先到，可以把晤。倘兄亦能來，殊佳。二種兄趕附時，當與談及。我之時間如曾鐘翔之年出，仍是照舊為是。

十二月香港大學中文系有六十周年紀念，余所中文字學專教授自係當出席講話，言語學會閒左下的不敢銜實，當可出席。余以以唐以前十四音遺說考以為撰出論文，周祖謨先生來信極贊，是篤定將出席，自當攜兄前來，可與朋齋報之。附另文四篇，給來請手議之，與新魁兄共論定之。此頌

撰祺

宗頤手啟　九月十日

今次又赴齊程，可與伯蕃兄再度把晤。我廿九日返港，即日回港。四方風新義一文未知付印否，甚念。

（五一）一九八七年九月十日

憲通兄：

廿六日來示敬悉。余於九月十一日赴京，即日轉車往安陽。煒湛料已先到，可以把晤。惜兄不能來，殊悵。《三種》見趙誠時當與談及，我無時間將曾鐘獨立成書，仍是照舊爲是。

十二月香港大學中文系有六十週年紀念，余以中文系榮譽教授身份當出席講話。言語學年會閒在下旬，不致衝突，當可出席。余以《唐以前十四音遺説考》爲提出論文，周祖謨[①]先生來信極贊賞是篇，望能出席，自當撥冗前來，可與朋舊聚首。附另文《四聲外來説平議》，乞與新魁兄共論定之[②]。此頌

撰祺。

宗頤手泐

九月十日

今次又赴敦煌，可與伯勤兄再度把臂，我廿九日返穗，即日回港。《四方風新義》一文未知付印否？甚念。

---

① 周祖謨，北京大學中文系教授，語言學家。

② 此件因信末提及《四聲外來説平議》一文擬與新魁兄共論定之，故當時即將此件寄存好友李新魁兄處。可惜世事滄桑，其後此件竟流失他方，未成完璧，不勝遺憾之至。幸中大校友宋浩君通過有關渠道，獲得該信照片惠贈，志此鳴謝。

憲通兄

安陽之會，繼以羑里、殷墟之行，惜兄不能來，一嘗肉林酒池之歷史味道，好可惜也！

貞人通考決定作補訂工作，請偉湛兄幫忙，務能成功，亦一盛事！

曾將在敦煌購得少許古本書籍寄廣州中大姜伯勤兄收，請費神指定弟子王君（畫師）陪候鄧偉雄暇時前往取回，至託。

本年九月份有拙作談八大一篇，並與其他考古刊物《文物》一併寄呈。

巴黎諸君在國內旅行多日，想已回巴黎矣。匆頌

著安

宗頤手泐

十月三日

（五二）一九八七年十月三日

憲通兄：

安陽之會，繼以羑里、朝歌之行，惜兄不能來，一嘗肉林酒池之歷史味道，爲可惜也！

《貞人通考》[1]決定作補訂工作，請偉湛兄幫忙，盼能成功，亦一盛事！

曾將在敦煌購得少許大本書籍寄廣州中大姜伯勤兄收，請費神持交吴子玉君（畫師）處，候鄧偉雄暇時菀穗取回，至託。

本年九月份《文物》有拙作談八大一篇，乞與其他考古刊物一併寄港。

巴諾君在國内旅行多日，想已面晤矣。匆頌

著安。

宗頤手泐

十月三日

① 指饒著《殷代貞卜人物通考》，香港大學出版社 1959 年。

憲通兄：

自西北歸，得十月十五日書，敬悉一是。

拙文能在明年首期刊出，甚慰。

望地之總三種，與趙誠兄面時未嘗談到，因我不擬改動，故亦毋須與彼提出問題。學勤《通論》一篇寫得甚詳盡，大抵與鄙見許多相合。惟彼提及尚有十二月篇像一篇，看來似未寫好，不知何時可發表？兄對各家之說，能集用增訂者，聯繫列表，以供參考。我亦有許多新見欲再訂者。研究工作當直改作，想兄亦同。

《通考》補訂之作，恐非半載以上不能完工。最好請煒湛兄先提出計劃方案，以便向刊物提出。縮期更不成問題，至於刊印所需皆可，并意可刪除若干。材料改不必要部分，省去不少篇幅。望煒湛兄抓緊在本年內提出，以便進行。因我明年正月中至二月欲往澳洲巴黎處。學勤兄亦前往小住一時期。雙方能在本年底得一協議更合理也。

出版社交兄的任何稿子，候十二月赴穗時帶上。《湖南出土文物》甚有意思。劉彬徽來函邀請參加會議。至去深圳參加文化會議事，曾與高道商妥，後再行奉告。康兄事當設法使其繼續不至中斷。《通考》首冊不久可出版。拙作《前言》在甲骨學會上甚受注意，日本松丸道雄"十分重要"。知注意閱。思明著安。煒湛兄附信不另。本月廿七日赴滬參加上博會。回信請寄（十一月）二號左右在滬，附聞。

宗頤 頓十一月廿二日

另者：沈陽市政府秘書長曾請我，昨在宴會上晤見沈州市書記及副市長，談及可以請孫（？）協助與遼寧方面進行交換（？）事。余已請李敏好像鄭屏（？）面調，所以尚（？）未見時，代為致謝！

（五三）一九八七年十月二十三日

憲通兄：

自西北歸，得十月十五日書，敬悉一是。

拙文能在明年首期刊出，甚慰。

楚地文獻三種，與趙誠見面時未曾談到，因我不擬改動，故照舊未與彼提出問題。學勤《通論》[①]一篇無甚新意，大抵與鄙見并無相左。惟彼提及尚有《十二月啚像》一篇，看來似未寫好，不知何時可發表？兄對各家之説，欲采用增訂者，盼能列示，以供參考。我亦有許多新見欲葺訂者。研究小史當宜改作，愚見亦同。

《通考》補訂工作，恐非半載以上不能完工。最好請煒湛兄先提出計劃方案，以便向利公提出。短期更不成問題，至於刊印何處皆可。弟意可删除若干殘辭及不必要部分，可省去不少篇幅。望煒湛兄抹冗在本年内提出，以便進行。因我明年正月中至二月欲往澳洲巴諸處。學勤兄亦前往小住一時期。雙方能在本年底得一協議，更合理想。

出版社交兄約伍佰多港元，候十二月赴穗時帶上。湖南出土文物，甚有意思，劉彬徽來函邀請參加會議。至在港舉辦楚地文化會議事，容與當道商妥後再行奉告。建華事當設法使其繼續，不至中斷。《通檢》首册不久可出版，拙作《前言》在甲骨學會上甚受注意，日本松丸[②]面告："十分重要。"知注并聞。即頌

著安。

煒湛兄附候不另。

本月廿七日赴滬參加上博四僧討論會，十一月三號返港，附聞。

宗頤啓

十一[③]月廿三日

另者：弟潮州市故居事，曾函吴南生先生，請其主持。昨間於宴會上晤見潮州市書記及副市長，均告該産即可發還，并能協助與暹羅方面進行交換商量諸事。余已請泰京友好僑領鄭君[④]出面調解，希望可以成事。南生先生見面時，請代爲致謝！

---

① 李學勤《長沙楚帛書通論》,《楚文化研究論集》第一集，荆楚書社 1987 年。

② 松丸道雄，日本漢學家，東京大學教授，長於甲骨金文研究。

③ "一"字衍。

④ 鄭午樓，泰國銀行家、慈善家。

憲通兄：

昨聞东亚大学校長林達光博士以電話告知，东亚大学本年度獲王寬誠講学基金资助，囑代表东大往內地大學講学一次。时間及大学由余選擇。余仍選定中山大学，因来往較便。茲初定计劃如下：

时間　本年十二月下旬

講題　文学史上曲子詞的產生及其实用性

讨论題目　論詞總集的形態及其与樂舞的關係（以雲謠集与敦煌曲子為中心）

此次範圍純為讨論古典文学，不涉及古文字，以敦煌曲為主題。請与黃天驥主任商定下的講論时間。請即用電話告我（香港 5-734010）因时間緊迫，絕先訂車票，最好能在一日上下午，把這樁公家事了卻，余亦可順便參加第四屆語言学会，此次可能小女清芬同行。一年之內訪問貴校兩次，亦算奇蹟也。

頤又及。

（五四）一九八七年十一月（？）[①]

憲通兄：

昨間東亞大學校長林達光博士以電話告知，東亞大學本年度獲王寬誠講學基金資助，囑代表東大往内地大學講學一次。時間及大學由余選擇。余仍選定中山大學，因來往較便。兹擬定計劃如下：

時間 本年十二月下旬

講題 文學史上曲子詞的産生及其實用性

討論題目 論詞總集的形態及其與樂、舞的關係（以《雲謡集》與敦煌曲子爲中心）

此次範圍純爲討論古典文學，不涉及古文字，以敦煌曲爲主題。請與黄天驥主任商定下旬講論時間，請即用電話告我（香港5–734010）。因時間緊迫，須先訂車票。最好能在一日上下午，把這樁公家事了卻，余亦可順便參加第四屆語言學會。此次可能小女清芬同行。一年之内訪問貴校兩次，亦算奇蹟也。

頤又啓

① 1987年10月23日以前各信均未提及該次演講事，故推測此信約寫於11月。

INSTITUTE OF CHINESE STUDIES
THE CHINESE UNIVERSITY OF HONG KONG
SHATIN, THE NEW TERRITORIES, HONG KONG. TEL.: 0-6352393-5

香港中文大學
中國文化研究所
香港新界沙田·電話"〇"六三五二三九三-五

Reference:

憲通吾兄：

寄來《文物》、《考古》及《敦煌石窟》兩冊均收妥，謝謝！第九期《文物》刊拙文，乃去歲參加南昌八大山人討論會發言稿。本年十一月去上海博物館之四僧學術會，拙文在《朵雲》上期登出，謝稚柳稱解決廿多年來八大山人文稼、驢、驢屋、人屋諸困難問題，此亦是重要發現。拙作《敦煌琵琶譜》討論問題的討論文字，二年來引起極大的重視，我在這裡看北京、上海代表性音樂雜誌，如《中國音樂學》（去年第三期有專文介紹）、《音樂研究》、上海音樂學院的《音樂藝術》各刊物皆發表過若干文章（至明年一月止有六篇），是亦始未注意及之，故以奉告。去安陽及上海與沈之瑜兄處接觸，彼已投入參加《甲骨文通檢》工作，康寧所負第二、三冊為地名、人物，古代究竟，彼均一一核對；兄所關心此一工作，去年此第完成諸多問題。目前專上《卜人物通考》一部與姚港兄，想彼必收到多日矣。明年五月由季老及胡守為兄主持之寅老學術討論會，余已覆信參加。月底來穗，尊駕當帶來，良晤在邇，先佈臆延，即頌

著安。

宗頤手啟 十二、十一

請代好 那為致意。報紙發表，今年五月在河南舞陽縣發現八千年龜甲契刻符號，即一龜版，不知符號為何？兄當有聞否？記在北京陳述當言及裘、李，問彼有刻文，但未見此龜版傳遞情形，不像八千年之物？

（五五）一九八七年十二月十一日

憲通吾兄：

寄來《文物》、《考古》及《敦煌石窟》兩册，均收妥，謝謝！第九期《文物》刊拙文，乃去歲參加南昌八大山人討論會發言稿。本年十一月在上海博物舘之四僧學術會議，拙文在《朵雲》15期登出，謝稚柳稱解決了廿多年來八大山人又稱驢、驢屋、人屋諸困難問題，算是重要發現。拙作關於敦煌樂譜、劇譜問題的討論文字，二年來引起極大的重視，我連續在北京、上海代表性音樂雜志如《中國音樂學》（本年第三期有專文介紹）、《音樂研究》、上海音樂學院的《音樂藝術》各刊物發表過若干文章（至明年一月止，有六篇）。足下必未注意及之，故以奉告。

在安陽及上海與沈之瑜兄屢屢接觸，彼已投入參加《甲骨文通檢》工作，建華所集第二、三册爲地名、人物，大體完稿，彼均一一校對；兄所關心此一工作，想可次第完成，諒無問題。日前寄上《貞卜人物通考》一部與煒湛兄，想彼必收到多日矣。明年五月由季老及胡守爲兄主持之寅老[①]學術討論會，余已覆信參加。月底來穗，尊款當帶來。良晤在近，無任翹企。即頌

著安。

宗頤手啓

十二、十一

諸友好盼爲致意。報紙發表：今年五月在河南舞陽縣，發現八千年龜甲契刻符號，但僅印一龜版，不知符號爲何？兄有所聞否？記在北京張忠培[②]院長曾言及裴李岡遺物有刻文，但看此龜版修治情形，不像八千年之物？

---

① 寅老，即陳寅恪先生。“紀念陳寅恪教授國際學術討論會”於1988年5月26—28日在中山大學舉行。

② 張忠培，考古學家，時任故宫博物院院長。

INSTITUTE OF CHINESE STUDIES
THE CHINESE UNIVERSITY OF HONG KONG
SHATIN, THE NEW TERRITORIES, HONG KONG.　TEL.: 0-6352393-5

香港中文大學
中國文化研究所
香港新界沙田．電話"〇"六三五二三九三－五

Reference:

憲通吾兄：十日來書，謹悉種切。權筆已離研究所，改從翰墨軒出版古籍業，子雲仍在考古中心[illegible]。故宮出土文物展，我原與陶返京趕擇赴蘭州時，自故宮單國霖錄待，嘗往參觀，受益不淺。煒洪兄處已函致之。

曾天驥先生回穗，想已晤面。我定廿六日乘98次車赴廣州，10時45分香港開出。此信請將北京寄來葛煌想並書之色帶（請於28日回港）交黃先生攜回香港。我之行程大約如下：

26日　晚住花園酒店。當如可能，請先陪同至語言文字會報到。

27日　是日為星期日，擬往參觀南越王博物館，請先與徐恆彬兄聯絡。是夕住中大宿舍。

28日　在中大講課及討論。

29日　在穗及語言文字會活動。

31日　回港。

專此布意。敬頌

著祺。

宗頤手啟　廿日

（五六）一九八七年十二月廿二日

憲通吾兄：

十日惠書，謹悉種切。禮平已離研究所，改營翰墨軒書畫古董業。子雲[①]仍在考古中心，順聞。

故宫出土文物展，我從安陽返京趁機赴蘭州時，得故宫單國霖[②]款待，嘗往參觀，受益不淺。煒湛兄處，乞爲致意。黄天驥先生回穗，想已晤面。我定廿六日乘98次車赴廣州，10時45分香港開出。此次清芬亦同往。請將北京寄來敦煌壁畫書一包帶下，清芬28日返港，可交其先攜回香港。我之行程大約如下：

26日 晚住花園酒店。是日如可能，請先陪同至語言學會[③]報到。

27日 是日爲星期日，擬往參觀南越王博物舘，請先與徐恆彬兄聯絡。是夕住中大宿舍。

28日 在中大講課及討論。

29日 在穗及語言學會活動。

31日 回港。

專此致意。祗頌

著安。

宗頤手啓

廿二日

① 子雲，即李子雲，時爲香港中文大學中國文化研究所考古藝術中心工作人員。

② 單國霖，中國書畫史論專家。

③ 中國語言學會第四屆學術年會於1987年12月25—31日在華南師範大學舉行。

在廿七届置方案已收前度商妥之，以函正式。

2、寄给徐恒彬兄，请（附时）为敦促秀、石同志负责办付。

托交赵诚转致中华编辑冀勤女士之稿件（词集考），亦已妥交。近得中华来信，知冀君与赵二人极为死对头，见面不说话。不知如何是好。该件係公事，请以交古文所问题。便中请函询，覆示为感。

3、楚帛书中，我兄所增订之处，示知为是，以便寄来。我亦须参考尊兄近出汉简等，以免书中互相衝突。

4、向湖北方面提出之在随闻堂一事，未知有无回信？

5、建华15日赴日。来信说已编成五册，将由之瑜兄代为处理，我已为写信给松丸君。

6、我因为要整理[illegible]年，需一段长时间（约一月），此时不便他往。月杪之澳洲必须取销，论文请周鸿翔兄代读。

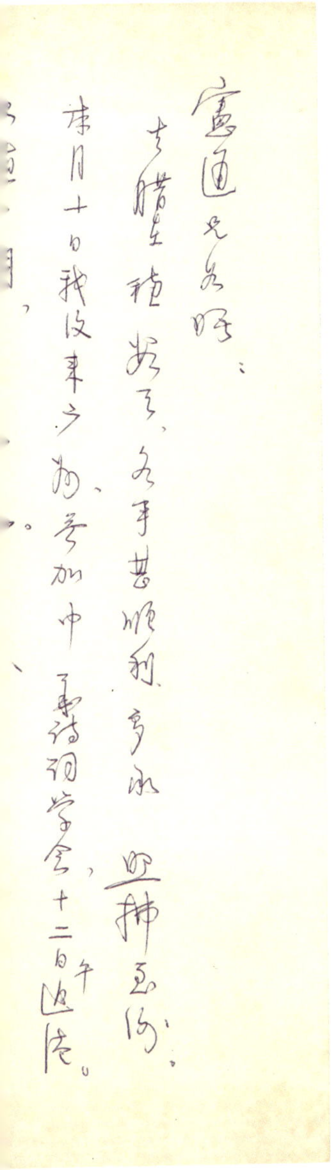
憲通兄如晤：
去臘在穗數天，各事甚順利，多承照拂，至謝。
本月十日我復來廣州，參加中華詩詞學會，十二日午返港。

（五七）一九八八年一月十二日

憲通兄如晤：

去臘在穗數天，各事甚順利，多承照拂，至謝。

本月十日我復來廣州，參加中華詩詞學會，十二日午返港。又值星期日，無從聯絡。王起、黄天驥兩教授均獲見面，爲慰。

下列數事，請爲注意：

1．油廠地址處置方案，已將前度商妥之公函，正式寄給徐恒彬兄，請隨時爲敦促看有何反應與辦法。

2．託交趙誠轉致中華編輯冀勤女士之《詞集考》稿件，想已妥交。近得建華來信，知冀君與趙二人極爲死對頭，見面不説話。不知如何是好？該件係公事，諒必交去不成問題。便中請函詢，覆示爲慰。

3．《楚帛書》中，我兄欲增訂之處盼示知勿延，以便著手。我必須參考尊見，然後下筆，以免書中互相衝突。

4．向湖北方面提出之在港開會一事，未知有無回信？

5．建華15日赴日。來信説已編成五册，將由之瑜先生代爲處理，我已爲寫信給松丸君。

6．我因爲整頓齒牙，需一段長時間（約一月），此時不便他往。原定月杪去澳洲，必須取銷。論文請周鴻翔[1]君代讀。

---

① 周鴻翔，古文字學家，歷史學家，美國加州大學洛杉磯分校亞洲語言文化系教授，早年曾在香港任饒公助手。

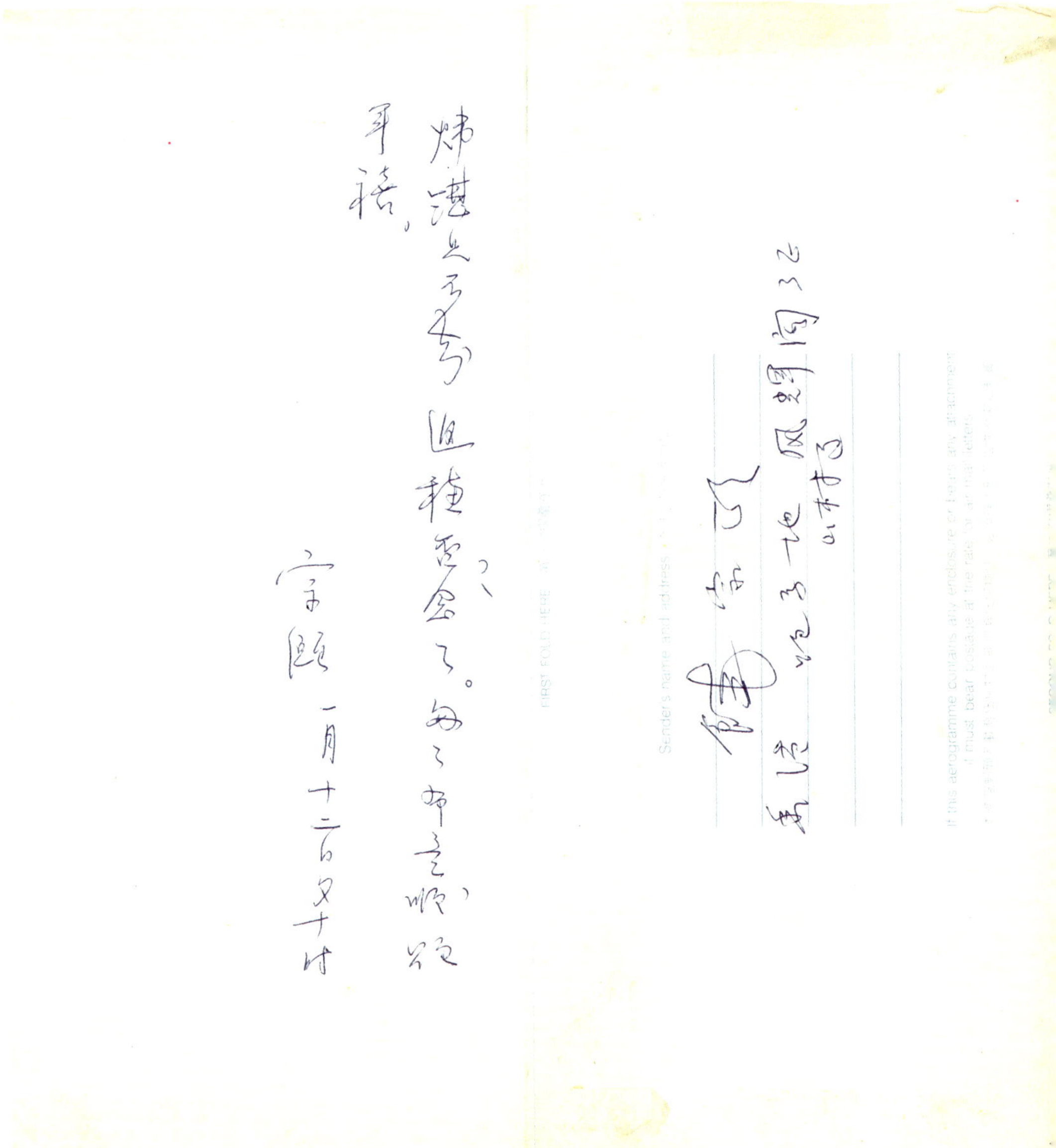
煒湛兄乞為道意，種種念念。每念之，即之，順頌
年禧。
宗頤　一月十二日又十時

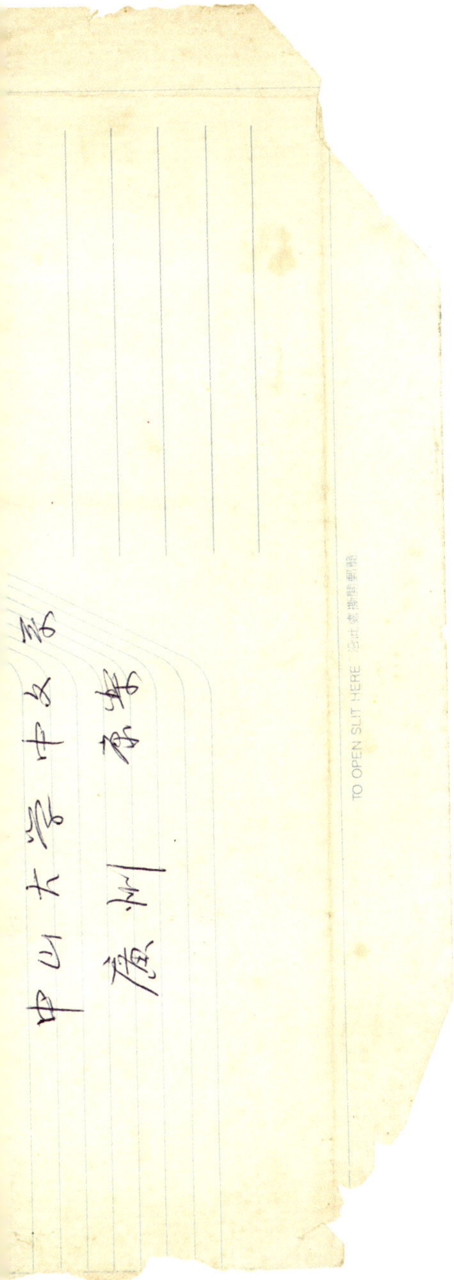

煒湛兄不知返穗否？念念。匆匆布意，順頌
年禧。

宗頤

一月十二日夕十時

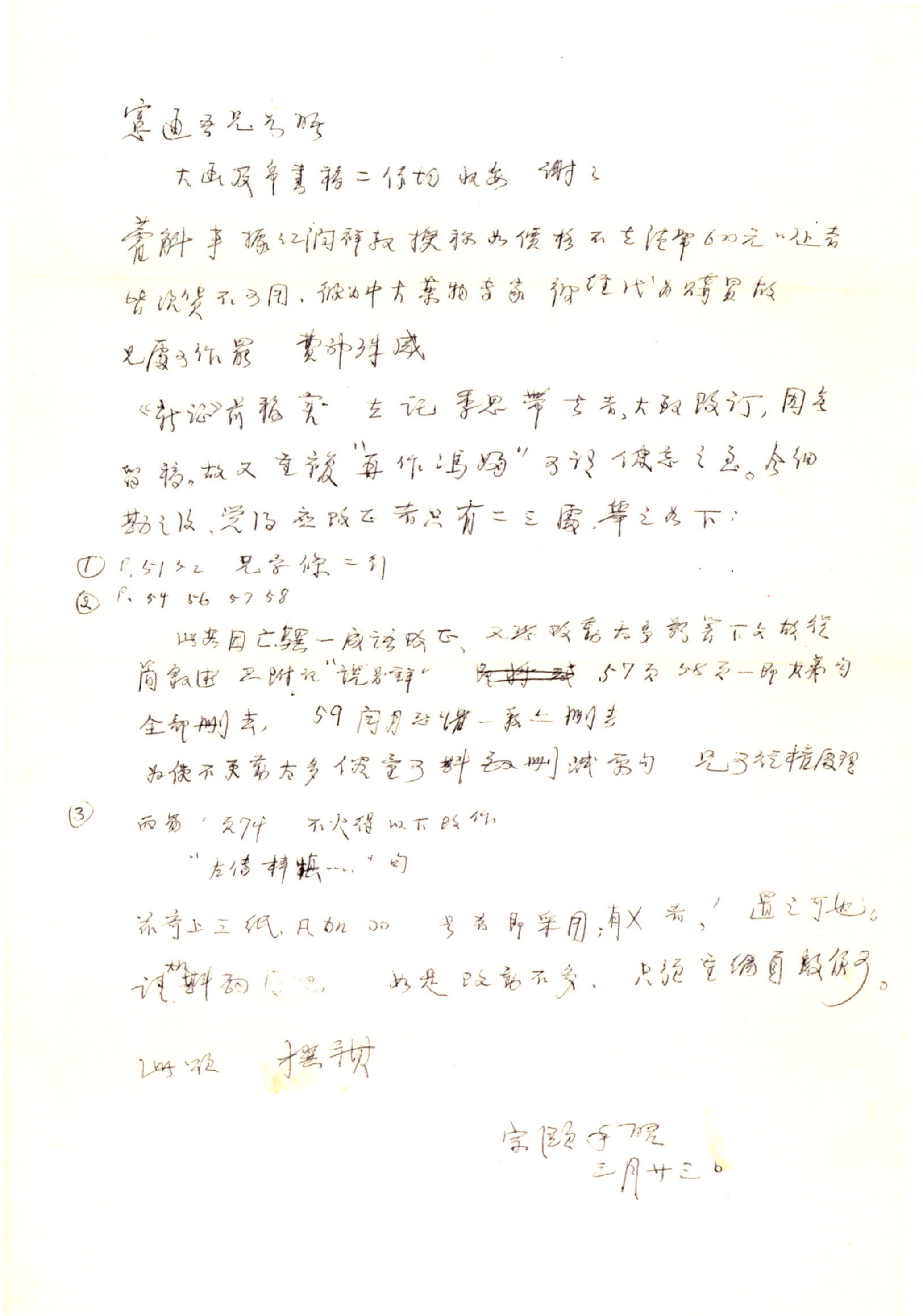

憲通吾兄如晤：

大函及本書稿二份均收妥，謝謝。

資料事據紀潤祥兄謂按稅后價格不足港幣600元，但告

皆淡黃不可用，擬由中大某物資家……代為購置，故

免麻煩作罷。費神殊感。

《新論》前稿寄去，記得曾帶去者，大致改訂，因至

留稿，故又重讀"再作馮婦"可謂健忘之至。今細

勘之後，覺得應改正者只有二三處，草之如下：

① P.51、52　兄字條二行

② P.54　56　57　58

此文因已經一度修改，又將改寫太多影響下文格從

簡就，三附記"說易辭"　~~[illegible]~~　57頁58頁一節大本句

全部刪去，59頁月老諸一段亦刪去

為使不更動太多傷害了排版，刪減字句，兄可從權處理

③ 兩篇，頁74　不必得以下改作

"左傳筮辭……"的

茲寄上三紙，凡加○○號者即采用，有×者，置之可也。

請排印處照，如是改動不多，只須重編頁數便可。

此頌

撰祺

宗頤手啟

三月廿三。

（五八）一九八八年三月二十三日

憲通吾兄如晤：

大函及帛書稿二份均收妥，謝謝。

藿斛事據江潤祥[①]教授稱，如價格不在港幣600元以上者，皆次貨不可用。彼爲中大藥物專家，彼經代爲購置，故兄處可作罷。費神殊感。

《新證》前稿實□在託季思帶去者，大致改訂，因無留稿，故又重複“再作馮婦”，可謂健忘之至。今細勘之後，覺得應改正者只有二三處，舉之如下：

① P.51 52 兄字條二行。

② P.54 56 57 58 此段因“亡鬨”一成語改正，又恐改動太多影響下文，故從簡敘述。只附記“説另詳”。57頁58頁——“即其義”句全部删去，59“閏月恐懼”一段亦删去。爲使不更動太多，儘量可斟酌删減原句，兄可從權處理。

③ 丙篇頁74“不火得”以下改作“《左傳》梓慎……”句。

玆寄上三紙，凡加。。號者即采用；有×者，置之可也。請加斟酌，如是改動不多，只須重編頁數便可。

此頌

撰祺。

宗頤手啓

三月廿三日

---

① 江潤祥，中醫藥學家，香港中文大學生化系教授，後創辦中醫學院。

宪通兄：

四月五日来示拜悉。

四方风名新义，仍希望能拟出。时间即已一年，时光易失！兄近日不知攻治何题目？盖中大杂务必甚多，不易能集中工作。楚帛书尚存在许多问题，無疑一说，候详细研究后，再答。（仍觉不甚安）近见李学勤第三篇谈十二神，（见湖南考古辑刊④）将以月柱上与壬之十二神坐的從魁之属，我以前早考虑到，但不敢提出，因为要明诸名出可推到秦汉，乃后来踵事增华之案，故所不取。兄请细读该文，特别对于“释文”部分，望读后提出意见惠告，为感。秦简日书拟再改定稿，候寄上。

楚文化讨论会在港进行事，我已将两湖博物馆各人来信，及武大石泉教授及其助手王光镐各人函件，（影印好）拟出一初步计划，向文化促进中心提出（作为）来年之工作项目。因需费较多，正待其开会议决。兄如与之梅、世荣诸君通信，可略告一二，因未有最后落实，故我尚未回复，请其原谅。

七月份吉林有二个会议，一是古文字会议，一是“文选学”会议，我可能两个都参加。关于古文字，已草就论文一篇，谈甲骨某一问题，下周可将定稿寄上，请为审阅。其中一条涉到容老商老之说，以及市博者，亦烦代为检校。辽宁博物馆馆庆纪念，杨仁恺先生特嘱撰文，故近月来对红山文化进行研究，略有心得，亦草成一长文，正在修订中，甚多新看法，顺告。

下月中大举行陈寅恪先生讨论会，我的论文已由中大文化研究所打印好，即空邮寄上。（因平邮需时一月）题目改变了，因原题是“E-nu-ma E-lis译文前言”文太长，关涉太多，考索则与律学关涉猎，恐无人有兴趣，故改变为“敦煌石窟中的誐尼沙（Ganeśa）”。请告知胡守为校长。徐恒彬兄经手的书事办妥，十分感谢！兄与荒子、伯慈三位为之代理人联名建议，如能将初稿空邮兄处，俾可补充意见更佳。匆匆草复，余俟续陈，顺祝

著安。

宗颐手肃 四月十四

（五九）一九八八年四月十四日

憲通兄：

四月五日來示拜悉。

《四方風名新義》，仍希望能排出。轉瞬即已一年，時光如矢！兄近日不知攻治何題目？想中大雜務必甚多，不易能集中工作。楚帛書尚存在許多問題。“無𩣡”一説，候詳細研究後，再答（仍覺不甚安）。近見李學勤第二篇談十二神[1]（見《湖南考古輯刊》④），將12月拉上六壬之十二神登明、從魁之屬，我以前早考慮到，但不敢提出，因爲登明諸名只可推到東漢，乃後來踵事增華之舉，故所不取。兄請細讀該文，特别對於“釋文”部分，望讀後提出意見惠告，爲感。《秦簡日書賸義》改定稿，候寄上。

楚文化討論會在港進行事，我已將兩湖博物館各人來信，及武大石泉[2]教授及其助手王光鎬[3]各人函件影印，并擬出一初步計劃，向文化促進中心提出，作爲來年工作項目。因需費較多，正待其開會議決。兄如與之梅、世榮[4]諸君通信，可略告一二，因未有最後落實，故我尚未回覆，請其原諒。

七月份吉林有二個會議。一是古文字會議，一是《文選》學會議，我可能無法都參加。關於古文字，已草就論文一篇，談甲骨某一問題，下週可將定稿寄上，請爲審閲。其中一條涉到容老舊藏之片，後歸市博者，亦煩代爲檢核。遼寧博物館創館紀念，楊仁愷[5]先生特囑撰文，故數月來對紅山文化遺物研究頗有心得，亦草成一長文，正在修訂中，甚多新看法，順告。

下月中大舉行之陳寅恪先生討論會，我的論文已由中大文化研究所打印好，即空郵寄上（因平郵有時一月）。題目改變了；因原題是《E-nu-ma E-lis譯文前言》，文太長，關涉太多，考慮到與漢學關涉輕，恐無人有興趣，故改變爲《敦煌石窟中的誐尼沙（Ganeśa）》。請告知胡守爲校長。徐恒彬兄經將弟事辦妥，十分感謝！兄與芃子、伯慧三位弟之代理人聯名建議[6]，如能將初稿空郵見示，俾可補充意見更佳。匆匆奉覆，餘俟續陳。祇頌

著安。

宗頤手啓

四月十四日

① 李學勤《再論帛書十二神》，《湖南考古輯刊》第四集，嶽麓書社 1987 年。

② 石泉，歷史地理學家，武漢大學歷史系教授。

③ 王光鎬，考古學家，武漢大學歷史系教授。

④ 周世榮，考古學家，湖南省文物考古研究所研究員。

⑤ 楊仁愷，書畫史論家、鑒定家，時任遼寧省博物館副館長。

⑥ 當時饒公擬在祖業下水門街榮成號榨油廠舊址拓建“饒鍔紀念館”，由詹伯慧、饒芃子和曾憲通三人聯名作爲饒公代理人，詹伯慧負責與潮州市詹友生副市長聯絡，饒芃子負責與饒氏家族溝通，曾憲通負責向饒公通報相關情況。後由政府出面主持此事，遂建成現在的潮州饒宗頤學術館，也稱“頤園”。

THE CHINESE UNIVERSITY OF HONG KONG 香港中文大學

SHATIN · NT · HONG KONG · TEL.: 0-6952111 · TELEGRAM · SINOVERSITY TELEX · 50301 CUHK HX FAX · (852) 0-6954234 · 香港新界沙田 · 電話：零 · 六九五二一一一

Institute of Chinese Studies
中國文化研究所

Direct Line: 0-6952393 – 5

憲通兄：七月廿日來函計悉。吉林之行，想收穫必豐，可喜之至。我提出之論文爲說兮，以兮爲句首字，兮亦爲義，莫之反義，說莊子之氣母，請託顧新未爲大家多所指教。佛洪同引科一而退種矣。《秦簡日書釋義》一文寄上，請再看一遍。有所訂正否？「宋武帝劉裕《證佛頌》」，如在字書改正，卅二行以此，於印刷前刪去，請注意。我另有《敦煌曲論文集》，收未刊布之作十餘篇，正與北京中華談商出版事。本月北京敦煌學會，我決定不參加，天氣太熱，近時感冒未痊，已將論文打印，寄秘書處供其分發。請託姜伯勤兄帶其代讀論文一份。弟子王德林先生十月底在中大英文系之約，南來講學一段短時間，可以暢敘。聞趙誠將代李侃出任總經理，然否？姚孝遂甲骨文著作進展如何？此間通檢首冊，不久或可問世。我去歲參加商史、甲骨會議，有資料一堆留在吳子玉兄家中，彼無所用，請取出存於兄處。楚帛書尚有何問題宜處理者？示，俾出土三書可以繕寫告一段落。匆此

著安

宗頤　八、二、

（六〇）一九八八年八月二日

憲通兄：

七月廿日惠翰拜悉，吉林之行，想收穫必豐，可喜之至。我提出之論文爲《説兮》，以[illegible]爲勹義，夢兮臣爲羲皇之臣入夢，説莊子之氣母，諸説頗新，未知大家有何指教？煒湛同行，料一齊返穗矣。《秦簡日書賸義》一文寄上（此文影印雙面！），請再看一遍。頁19訂正原書“宋”武帝劉裕誤作“晋”，如在原書改正，此二行可以删去，請注意。我另有敦煌曲論文集，收未刊布之作十餘篇，正與北京中華洽商出版事。

本月北京敦煌學會，我決定不參加，天氣太熱，近時感冒未痊。已將論文打印，寄秘書處，供其分發。請託姜伯勤兄勞其代領論文一份。季羨林先生十月左右應中大英文系之約，南來講學一段短時間，可以暢敘。聞趙誠將代李侃[1]出任總編，然否？姚孝遂甲骨文工作進展如何？此間《通檢》首册，不久或可問世。我去歲參加商史甲骨會議，有資料一堆留在吴子玉兄家中，彼無所用，請取出存於兄處。楚帛書尚有何問題宜處理者？乞示，俾《出土三書》可以繕寫告一段落。匆頌

著綏。

宗頤啓

八、二

① 李侃，歷史學家，出版家，中華書局總編輯。

宪通兄如晤：

前奉七月廿日手示，即将旧作"秦简日书睡虎"定稿寄上，以应吴继文兄誊写之用，想已收妥矣。

北京中华冀女士来信称：该书原系中华稿，亦须交人民币千余元，后来因措词过分，冀女士要其删改不获，协议上乃退稿。上海古籍审稿不负责，致闹出此一笑话。此京中学人均不以任氏为然，云云。伯勤兄厚谊甚感。此次北京敦煌学会议，弟亦不参加，只寄去论文，论敦煌壁画与印度因陀罗网像，季老来信谓极饶新意，已为印发。余往敦煌画稿，请其赐出一份资料，烦伯勤兄设计送尊处收存，候有便人再往摘取。费神为感。

据张光裕云：长春之会，曾将鄙考周原甲上之符号三个用幻灯片映出，详细望示知。又闻《甲骨合集释文》二册已出版，请函赵诚兄，请速为购一部寄兄处，以便应用。书有款在彼处，不敷之数，幸示及。

我将于十一月代表文化研究所参加西安半坡会议，故苑子处之文心雕龙会议，恐难分身，已准备论文一份寄去。闻山西古文字会议，北京裘锡圭等人因飞机误期，不获赴会，未知然否？

匆颂

著祺。

宗颐

八月十五日

（六一）一九八八年八月十五日

憲通兄如晤：

前奉七月廿日手示，即將舊作《秦簡日書賸義》空郵寄上，以應吴德先[①]君謄寫之用，想已收妥矣。

北京中華冀勤女士來信稱：任書原係中華稿，亦預支人民幣千餘元，後來因措詞過分，冀女士要其删改不獲協議，只得退稿。上海古籍審稿不負責，致鬧出此一笑話。然京中學人均不以任氏爲然云云。

伯勤兄厚誼甚感。此次北京敦煌學會議弟亦不參加，只寄去論文，論敦煌壁畫與印度圖陀之關係，季老來信謂極饒新意，已爲印發。余經致函寧可[②]，請其檢出一套資料，煩伯勤兄設計送尊處收存，候有便人再往攜取。費神爲感。

據張光裕云：長春之會，曾將裴李岡龜甲上之符號三個，用幻燈片映出，詳細望示知。又聞《甲骨文合集釋文》[③]二册已出版，請函趙誠兄，請速爲購一部，寄兄處，以便應用。弟有款在彼處，不敷之數，盼示及。

我將於十一月代表文化研究所參加西安半坡會議，故芃子處之《文心雕龍》會議，恐難分身；已準備論文一份寄去。聞此次古文字會議，北京裘錫圭等人因飛機誤期，不獲赴會，未知然否？

匆頌

著祺。

宗頤

八月十五日

① 吴德先，書法家，時供職中山大學古文字學研究室，爲《楚地出土文獻三種研究》的抄寫者。

② 寧可，歷史學家，敦煌學家，首都師範大學歷史系教授。

③ 指《殷墟甲骨刻辭摹釋總集》。

憲通兄：八月八日書來，示覆如次：

1、李零文甚思一讀。帛書Ⅲ分明有"利某侯"……不只僅言忌，而兼及利之一面，是講宜、忌，故月忌說應另一也。記得曾有一文亦已言之，以記事列前，我已提及。此文煩設法一讀，他提出之論點須再細研，加以評定。

2、姚孝遂作"釋文總集"亟須參考，請借早為物色一份。

3、拙作饒宗頤論集詩一條如不確，可以刪去。

4、日書筆記甚多，尚待整理。尊文是否附入？聯名。

5、舒之梅兄職志雄邁，我亦準備明年下半年起，把新莽史的稿改作"新莽會要"，必須查遍漢代文獻，漢簡亦是研究對象。可否請之梅兄從速初具一簡單研究計劃寄給我，當願意向研究所提出請他前來，作半年左右合作計劃（1989—90），同時亦可進一步向中大提出楚史會議之研究而舉行，促其實現。

6、石泉先生好意，我亦準備一論文，屆時當函告足下，謝其同往。論文則一定寄去。邀請赴穗事，請代為電告致謝。

7、廣東省地方志編委會 易之 桐 電話：338084、338067，聯系人侯月祥

著安。

宗頤　八月十八日

"說兮"一文涉及"兮"字是勺兮之分離。請再把合集有關材料細對，"兮"之地位甚高，與河、岳、社稷，其為氣神，不成問題。兄意如何？

伊藤所贈甲骨文書，仍留在子玉家中，至今未讀，甚憾。子玉家中各書望為取出。

（六二）一九八八年八月十八日

憲通兄：

八月八日書悉，兹覆如次：

1. 李零文甚思一讀。帛書Ⅲ分明有“利建侯”……不只僅僅言忌，而兼及利之一面，是講宜、忌，故月忌説落於一也。記高明有一文亦主張以記事列前，我已提及。此文盼設法一讀，他提出各點，須再細研，加以評定。

2. 姚、趙合作《釋文總集》亟需參考，請儘早爲物色一份。

3. 拙作《賸義》内論集詢一條如不確，可以删去。

4. 日書筆記甚多，尚待整理。尊文是不附入？盼示。

5. 舒之梅兄盛意難卻，我亦準備明年下半年起，把新莽史舊稿改作《新莽會要》，必須重温漢代文獻。漢簡正是研究對象。可否請之梅兄從速擬具一簡單研究計劃寄給我，當願意向研究所提出請他南來，作半年左右合作計劃（1989—90）；同時亦可進一步，向中大提出楚史會議在研究所舉行，促其實現。

6. 石泉先生好意，我正準備一論文，遲些當函告足下，能否同往。論文則一定寄去。

7. 廣東省地方志編委會邀請赴穗事，請代爲電告致謝。電話：338084，338067，聯繫人侯月祥。

匆匆祇頌

著安。

宗頤

八月十八日

《説兮》一文涉及[勹兮]字是“勹兮”之合寫。頃再把《合集》有關材料細對，[勹兮]之地位甚高，與河、岳並祭，其爲氣神，不成問題。兄意如何？

偉湛所贈甲骨文書，仍留在子玉家中，至今未讀，甚憾。子玉家中各書望爲取出。

INSTITUTE OF CHINESE STUDIES
THE CHINESE UNIVERSITY OF HONG KONG
SHATIN, THE NEW TERRITORIES, HONG KONG. TEL.: 0-6352393-5

香港中文大學
中國文化研究所
香港新界沙田·電話"〇"六三五三二三九三-五

Reference:

憲通兄如晤：覆函誌已收悉。

關於楚史與文化討論會及許學梅兄來港事，現已略有眉目。日昨與方正兄懇切商談，已獲以下初步結論：

① 文化研究所原則上可在1990主辦楚史討論會第二屆會議，最好規模不太大。請先轉告石泉教授及劉彬徽兄，細則以後再磋商。

② 學梅兄來港事，所方原則亦可支持，第一個月之，前函已詳述。最好留港時間能配合楚史第二次會議。

弟經寄去論文與楚史學會，由研究所代寄。茲將論文附呈一份，請指正。石泉兄同閱，尊論發揮。（研究所寄文，未經細校，有誤字。請將此打樣寄去，以備印出。）

十月份又有香港銅鼓會議，有學生欲陪我同往，正在準備中。楚史會議日期尚未定，兄能陪同參加，求之不得。關於必要手續，望速為查詢函覆。

姚孝遂甲骨釋文總集二本請費神代為物色，很急待用。

此頌

撰安

宗頤　九月五日

（六三）一九八八年九月五日

憲通兄如晤：

覆函想已收妥。

關於楚史與文化討論會及舒之梅兄蒞港事，現已略有眉目。日昨與方正[①]兄懇切商談，已獲以下初步結論：

① 文化研究所原則上可在1990主辦楚史討論會第二屆會議，最好規模不太大。請先轉告石泉教授及劉彬徽兄，細則以後再磋商。

② 之梅兄南來事，所方原則亦可支持，弟亦同意，前函已詳述。最好留港時間能配合楚史第二次會議。

弟經寄去論文與楚史學會，由研究所代寄。茲將論文附呈一份請指正。（研究所寄文，未經細校，有誤字。請將此打樣寄去，以備印出。）"百氣"仍用尊説發揮。

十月份又有雲南銅鼓會議，有學生欲陪我同往，正在準備中。楚史會議日期尚未定。兄能陪同參加，求之不得。關於必要手續，望迅爲查詢函覆。

姚、趙《甲骨釋文總集》二本，請費神代爲物色，很急待用。

此頌

撰安。

宗頤

九月五日

---

① 陳方正，時任香港中文大學中國文化研究所所長。

代論並國際討論，我須主持，開幕 Keynote Speech
擬出下旬，與楚史時間恐有衝突。此外賢大文以刊於
第二屆會議論文已送矣。西安行程是3月1-9日
由港直航，不經形並法來廣州。問題是我過
請北京王堯教授擇落僅作四次藏學演講，非親
自主持不可，他已一再展期，定十一月六日來港。至
此諸項事情適集於此一時之情形下，絕對無法分
身。文心之會及楚史二者，均須放棄，不勝惠歉。業
望將情況代向荒子及彬薇兄陳述，乞其諒解。如
兄能代我赴武昌開會最佳，可與石泉教授會商
下次在港開會細節。我至今尚未接到彼之來信，并代索取
擬具等候把所擬自商借之故，先擬成行議文一份。
「墨詞」一詞可用尊說以謀諸朝之，俾免著手勝之。
近見北京古籍甘肅報導「全明詞」已即交中華付梓，木之「詞集
考全」之一評批，設若生是事，勿乃可惆悵
著緣。　　宗頤手啓　十月廿七日
甲骨合集釋文、及出土文化論集，希為物色，至禱！首冊
甲骨文通檢年底可出書，又及。

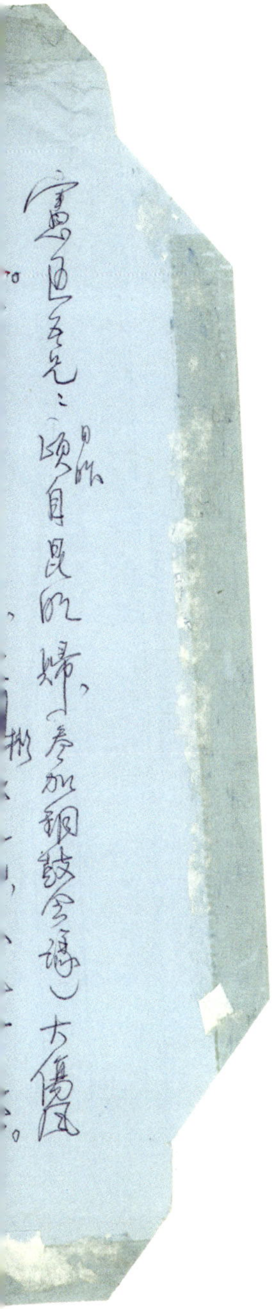

（六四）一九八八年十月二十七日

憲通吾兄：

頃（日昨）自昆明歸（參加銅鼓會議），大傷風未癒。接十月十五日書，暨劉彬徽兄函，至慰遠念。

十一月份起，有四個會議（曾侯乙鐘銘會不計）：西安半坡卅週年紀念，弟當代表中大前往，與楊建芳等同行，機票已訂妥。其次文物舘主辦中大廿五週年紀念之明代繪畫國際討論會，我須主持，開幕Keynote speech排在下旬，與楚史時間恐有衝突。此外暨大《文心雕龍》第二屆會議論文已送交。西安行程是3日—9日，香港直航，看情形無法來廣州。問題是我邀請北京王堯[1]教授蒞港作四次藏學演講，非親自主持不可，他已一再展期，定十一月六日來港。在此諸項事情麕集於一時之情形下，絶對無法分身。《文心》之會，及楚史二者，均須放棄，不能兼顧。萬望將情況代向芃子及彬徽兄陳述，乞其諒解。如兄能代表我往武昌開會最佳，可與石泉教授會商下次在港開會細節。我至今尚未接到彼之來信，想是等候把晤親自商談之故。望兄能成行，并代索取論文一份。

“[illegible]詢”一詞可用尊説以謨詬解之，俾可著手謄正。

近見北京《古籍消息》報導《全明詞》已即交中華付排，弟之《詞集考》全稿亦將排竣，亦是喜事。匆匆布悃，祇頌

著綏。

宗頤手啓

十月廿七日

《甲骨合集釋文》及《吴文化論集》，希爲物色，至禱！首册《甲骨文通檢》年底可出書，又及。

---

① 王堯，藏學家，中央民族大學教授。

憲通兄：

十月廿二日書拜悉。六方及能弟抽印本收到，仍有誤字。此文方正取去中國語文再刊，可能避免出錯，但許君已離開，校對是否精審，尚不可知。稿費存尊處可也。

兄未赴湖北，殊悵悵。聞杭之陸續召開楚史会議及饒之梅兄南來事，未審如何決定，望示知，以便向研究所交接商量進止。王克兄与李學老蒞港，我方自西安趕回，王兄演講之次甚成功，已返京多日矣（直航甚便）。西安之役訪臨潼、周原及法門寺，又見新出古物，至快平生，頗有所獲。返港二三日即聞林壽晉兄遽以腦溢血謝世，至為可惜！

楚帛書文引起討論熱烈，是極好事！其之為百，讀不可易！引款問題仍待細審再定。余另有駁正兩人曾侯鐘律出自巴比倫之說，原文曾以一份寄之梅兄，作為該会提出論文，請向甘學閱讀加以指正。武漢出版《黃鐘》88.4期謂楊毓[illegible]又另某編輯甚詳，未知兄返否？

此次再細看半坡陶文，二十年來一套說法，覺得有提出之必要，希望在年底可以寫出。

范子有信，云日內來港，可以面談。兄言潮州市有意將故址"開放"，甚佳。聞所展品，先君所遺者甚少，余之著述，尚多未刊布，陳列似非其時。經再三考慮，最好在原址開發後撥出一層為將來設館之用，如何布置再從長計議。我在學術上以開拓性及文獻整理兩路為多，全明詞聞即將付印，甲骨文通檢首冊不久可出版，全書應有六冊，亦一盛業。我所開拓若干新路，最希望以後有人繼續從事。我在晚年興趣轉移於"東方學"，由中國古代研究擴大至印度、西亞，故與印度 Dandekar 博士同被選為法京亞洲學会名譽会員，該会定期刊物"亞洲學報"至今已達式佰多期，實為世界最古老之學会。我甚希望以後有青年繼起至法京留學，學習他國之古代語文，多以

選堂書札　致曾憲通

（六五）一九八八年十二月六日

憲通兄：

十月廿二日書拜悉。《四方風新義》抽印本收到，仍有誤字。此文方正取在《中國語文》[①]再刊，可能避免出錯，但許君已離開，校對是否精審，尚不可知。稿費存尊處可也。

兄未赴湖北，殊悵惘。關於在港續召開楚史會議及舒之梅兄南來事，未審如何決定，望示知，以便向研究所交接商量進止。王堯兄與季羨老蒞港，我方自西安趕回。王兄演講三次甚成功，已返京多日矣（直航甚便）。西安之役得親臨周原及法門寺，又見新出古物，至快平生，頗有所獲。返港二三日即聞林壽晋[②]兄遽以腦溢血謝世，至爲可惜！

楚帛書又引起討論熱潮，是極好事！𠀅之爲百，確不可易！行款問題仍待細覈再定。余另有駁正西人曾侯鐘律出自巴比侖之説，原文曾以一份寄之梅兄，作爲該會提出論文，請向其索閲，請加以指正。武漢出版《黄鐘》88.4期論擂鼓墩2號墓編鐘甚詳，未知見過否？

此次冉細看半坡姜寨等陶文，二十年來一套假定，逐漸覺得有提出之必要，希望在年底可以寫出。

芃子有信，言日間來港，可以面談。兄言潮州市有意將該址“開發”，甚佳。關於展品，先君所遺者甚少；余之著述，尚多未刊布，陳列似非其時。經再三考慮，最好在原址開發後抹出一層爲將來設舘之用，如何布置再從長計議。我在學術上以開拓性及文獻整理開路爲多，《全明詞》聞即將付印，《甲骨文通檢》首册不久可出版，全書應有六册，亦一盛業。我所開拓若干新路數，希望以後有人繼續從事，我在晚年興趣轉移於“東方學”，由中國古代研究擴大至印度、西亞，故與印度Dandeker博士同被選爲法京亞洲學會名譽會員，該會定期刊物《亞洲學報》至今已達弍佰多期，實爲世界最古老之學會。我甚希望以後有吾鄉青年繼起至法京留學學習他國之古代語文，勿以漢學自囿。此舘之設，我

---

① 指《中國語文研究》。

② 林壽晋，考古學家，香港中文大學歷史系教授。

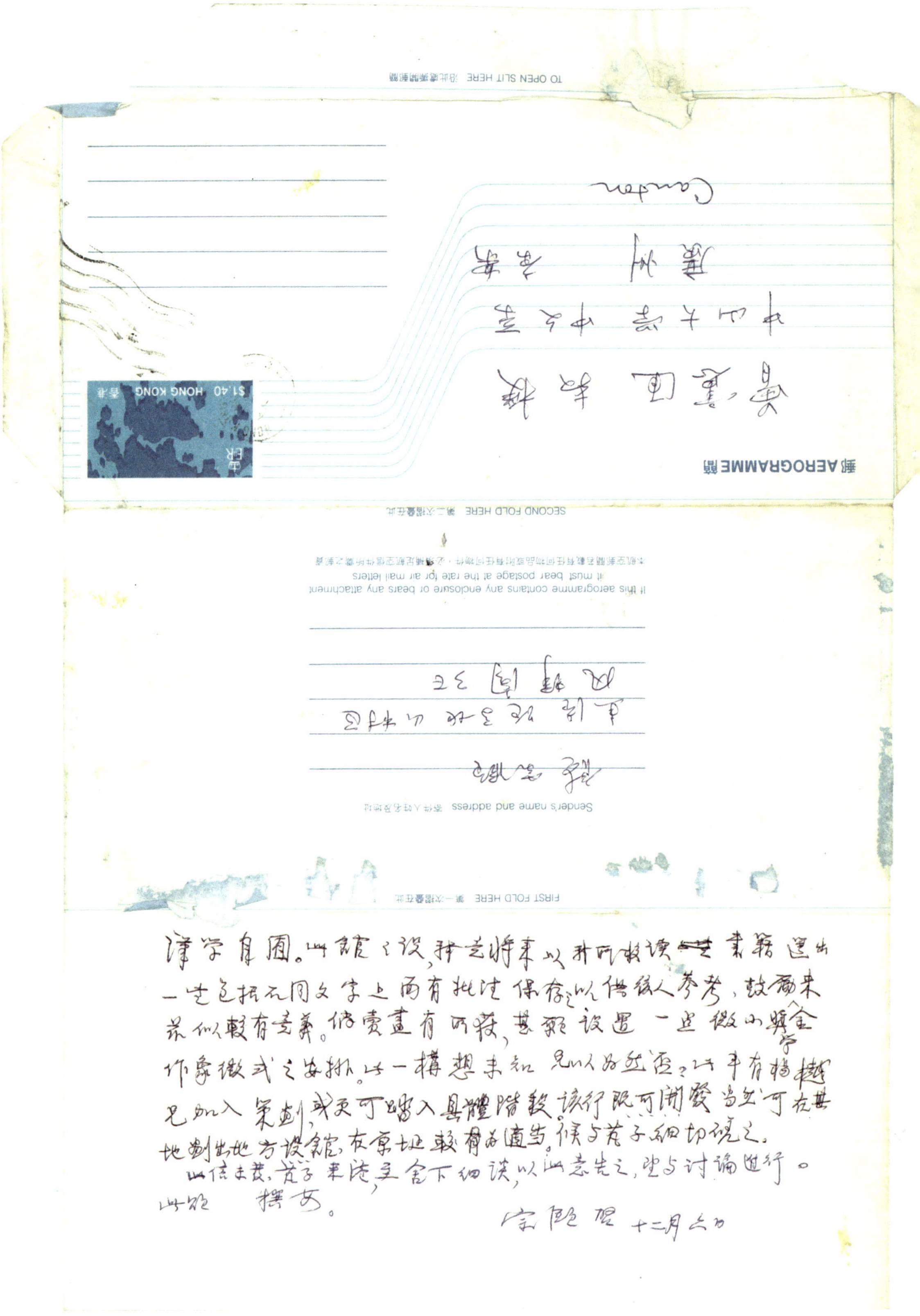

漢學自固。此館之設，并望將來以所收藏書籍選出一些包括不同文字上面有批注保存之，以備後人參考，鼓勵未來似較有意義。倘貴處有所獲，甚願設置一些微小獎學金作象徵式之安排。此一構想未知兄以為然否？此事有楷模兄加入策劃，或更可躋入具體階段。該行既可開發潮汕，可在其地劃出地方設館，在京址較為適當。俟與芃子細切磋之。

此信未發，芃子來港，至舍下細談，以此意告之，望與討論進行。

此頌

撰安。

宗頤 十二月六日

意將來以我所校讀書籍選出一些，包括不同文字，上面有批注，保存之，以供後人參考，鼓勵來兹，似較有意義。倘賣畫有所獲，甚願設置一點微小奬學金，作象徵式之安排。此一構想未知兄以爲然否？此事有楊樾兄加入策劃，或更可踏入具體階段。該行既可開發，當然可在其地劃出地方設舘，在原址較爲適當。候與芃子細切磋之。

此信未發，芃子來港，至舍下細談，以此意告之，望與討論進行。

此頌

撰安。

宗頤啓

十二月六日

憲通兄：多时不通信，甚念。此接寄来考古学报、文物、考古及中山大学之报，等件皆已妥收。

附来錫圭兄及李零二文，惠作早已见过。對「坪」字近年新见，只是提刁斌说，以為其耳，江陵雨台山

書律管作坪座星，上非為譚維四所說之作垂，請取雨台山報告書面尼對勘。至石磬上是否

作垂，請再倩人一勘。兄去该文李批用意不明，其說只有平夜讀為平輿一证，並不以有單稱

為坪不稱平夜之例，孟兄指不以其說為然，乞詳告我。近見黃翔鵬之《均鐘考》，謂隨縣十弦即

為琴準，已证明拙說。此李文只見結論，要看全文才能斷其是非也。包山出土占卜之簡與

望山及天星觀大同小異。天星觀之册至今尚未公佈，未知何故？寄去日書秦簡研究性

說一文，料已達典籤。趙誠之甲骨金文釋文，王堯代為寻購，聞尚未排印正式出版，並希此二冊現已寄到大樹甚

前去中大講敦煌詞一稿，曾经寄上海王寬誠基金会，不知何時刊布也？

去年中國語文第一期編者論甲骨文一篇（以良為疑問詞），夏含夷来信徵求意見，云將譯出刊在古代中國。

拙稿已由其初譯寄来，不知陳兄有何不同意見？

我將於星期六往澳洲主持一論文答辯，十日即返港，附告。此頌

儷祺，並頌

年禧。

宗頤手啓　一月廿

頤已歸来矣

此信寫就，寄出之前，竟忘之記。今覺尚有可說，再付郵請一閱。對「坪」字請多尊見，不及。二月廿三

(六六)一九八九年一月三十一日、二月二十二日

憲通兄：

多時不通信，甚念。頃接寄來《考古學報》、《文物》、《考古》及《中山大學學報》等件，皆已妥收。坿來錫圭兄及李零二文，裘作早已見過。對“坪”字迄無新見，只是援引嚴説以自重耳。江陵雨臺山楚律管作[illegible]皇，其上非如譚維四所説之作[illegible]。請取雨臺山報告書啚片對勘。至石磬上是否作[illegible]，請再倩人一勘。兄在該文旁批，用意不明。裘説只有平夜讀爲平輿一證，然分明有單稱爲坓不稱平夜之例，想兄殆不以其説爲然，乞詳告我。近見黄翔鵬之《均鍾考》，認隨縣十絃琴即爲琴準，已證明拙説。李文只見結論，要看全文才能斷其是非也。包山出土占卜之簡，與望山及天星觀大同小異。天星觀之册，至今尚未公佈，未知何故？寄去《臺灣秦簡研究情況》一文，料已達典籤。趙誠之《甲骨合集釋文》，王堯代爲尋購，聞尚未排印正式出版，然否？（此二册現已寄到廣州，甚慰。）

前在中大講敦煌詞一稿，頃經寄上海王寬誠基金會，不知何時刊布也？

去年《中國語文》第一期錫圭論甲骨文一篇，以“㞋”爲疑問詞。夏含夷來信徵求意見，云將譯出刊在《古代中國》。拙稿已由其初譯寄來。不知陳兄[1]有何不同看法？

我將於星期六往澳洲，主持一篇論文答辯，十日即返港，附告。（現已歸來矣。）匆頌儷祺。並頌

年禧。

宗頤手啓

一月卅一日

此信交菲傭寄出，竟被其忘記。今覺尚有可觀，再付郵請一閱。對“坪”字請示尊見，又及。

二月廿二日

① 陳兄，指陳煒湛。

憲通兄

舊歲年假去澳大利亞，訪巴諾君，得觀其藏書，甚快慰。日昨歸來得手書二通，知工作愉快，秦系文字得總揭問世，佑益多多，甚喜賀之至。

殷虛甲骨刻辭類纂一書已出版，且經寄到，本擬贈西堂一讀。日前門人鄧小姐赴穗，當囑其往取，擬另交請兄家與南越王博物館麥英豪兄處，伊往來穗中大較為方便。又兄處尚有其他文件，如陳寅恪會議論文（其中黃伯勤兄之文亦急欲一讀）等，可一併包在一起託其帶下。

覺年來文字問題甚細研，俟再詳告。

匆匆祗頌

年禧

佛儂兄新出古文字書望其贈一冊。

宗頤手啓

二月廿日

（六七）一九八九年二月二十日

憲通兄：

舊曆年假至澳大利亞，訪巴諾君，得觀其藏書，甚快慰。日昨歸來，得手書二通，知工作愉快，秦系文字得總編問世[①]，沾益無窮，喜賀之至。

《殷虛甲骨刻辭摹録》[②]一書已出版且經寄到尊處，因亟望一讀，日間門人鄧小姐赴穗，當囑其往取。鄧君意請兄交與南越王博物舘麥英豪[③]兄處，伊不必至中大較爲方便。又兄處尚有其他文件如陳寅恪會議論文（其中姜伯勤兄之文亦急欲一讀）等可一併包在一起託其帶下。

楚帛其它問題容細研後再詳告。

匆匆祇頌

年禧。

偉湛兄新出古文字學書望其賜一册。

宗頤手啓

二月廿日

---

① 時曾憲通方編撰《秦簡文字編》，後因故未刊。

② 指《殷墟甲骨刻辭摹釋總集》。

③ 麥英豪，考古學家，時任廣州市文物管理委員會副主任。

宪通兄：

多时未通讯问，常在念中。

前度交来姚孝遂甲骨总释二巨册已拜读，十分有用。工作迅速可贵，请代向赵诚兄致贺。《通检》在排印中，第一册尚未出版。商老日前病逝，询及此书印出，当嘱出版社寄上。

秦简书蹤证论已收到。得兄指导，在文字整理方面必大胜前，甚盼全书早日杀青。现日台两地均有学者从事「日书」研究。近见周法高论证方学之博论日书中之「是」字，但只多方面致力于此，我等只是闲不废工夫而已。林剑鸣书评未见到，能否影一份复寄？先此谢。楚地之书工作已结束，甚慰。惜余方面未能再作深入研究，望明年至夏地方，有以告我。帛书放大会事，望兄来年有机会再度来港工作一月，当另为安排。此邦东亚学也对能以吾与湖州参观，以供日后同好之研究。楚史会设来访之梅兄随文物到港时与研究所再作落实安排。此事前时已向方正提出，可能再迟缓些时，祈代致之。

沛锦交来文件均已收妥。

荒子度请为致意。希望原有计划再能实现。我将近期所持有关书籍稿件书画集中，列好目录，暂寄存一处。余子宗亮来信，称他的儿子饶春杰现高中毕业，参加高考，拟投考暨大，未知能否合格否。

我近时目力已大不如前，除觉"老之已至"，作书写画，尚可胜前，惟繁琐事已感吃力，幸记忆与联想力犹未衰退。方将生平论文结集删订，以及推从事译述，以排遣岁月。已译出之 E-nu-ma E-lis 已付刊。前度致函来港，对余新书甚为激赏，谓彼多年寝馈其书，彼到过伊朗，惟近东史事不及余之熟悉。比较古文字学初稿现改名"缀（？）之路"，不久杀青，了此心愿。月前北京大百科全书"中国史学"卷编者来信，言编委会决定立饶宗颐专条，已请姜伯勤兄执笔寄去。故人情重，至深感激。顷高去尘来电云《文物天地》能刊载余之行迹，关于古文字学方面，不知兄有暇可写撰否？望示知。楚地之耙书纂下函寄上备用。

中大友人李思宇为杜贵甚地，请先生请为回信。此颂

著安

宗颐手启 七月十三

前在安阳开会，书稿寄出均未收到。饶洪

姚孝遂甲骨文通论二部失，请其再赠一本，彼之古文字学书也要，谢谢！

（六八）一九八九年七月十三日

憲通兄：

多時未通聲問，無日不在念中。

前度交來姚、趙《甲骨總釋》二巨册，已拜讀，十分有用。工作迅速可驚，請代向趙誠兄致賀。《通檢》在排印中，第一册尚未出版。商老日前蒞港，詢及此書，俟印出，當囑出版社寄上。

《秦簡日書疏證》[①]論文已收到。得兄指導，在文字校理方面，必大勝前人，甚盼全書早日殺青。現日、臺兩地均有集體從事《日書》研究。近見周法高從語言學立場論日書中之"是"字[②]。俱見多方面致力於此，我等只是開礦工夫而已。林劍鳴書評[③]未見到，能否影一份惠贈，先此致謝。楚地三書工作已竣事，甚慰。惜余方面未能再作深入研究，望改正重要地方，有以告我。重摹帛書放大本事，望兄來年有機會再度來港工作一月，當另爲安排。此影本希望他時能贈與潮州紀念舘，以供日後同好之研究。楚史會議事，盼之梅兄隨文物到港時，與研究所再作落實安排。此事前時已向方正提出，可能再延緩些時，不必亟亟。

芃子處，請爲致意。沛錦[④]交來文件久已收妥。希望原有計劃真能實現。我將逐漸把有關書籍、稿件、書畫集中，列好目録，暫寄存一處。舍弟宗亮來信，稱他的兒子饒春傑，現高中畢業，參加高考，擬投考暨大，未知能合格否？

我近時目力已大不如前，深覺"老"之已至，作書寫畫，尚可勝前，獺祭鑽研，已感吃力，幸記憶與聯想力，猶未衰退。方將生平論文結集删訂，以後惟從事譯述，以排遣歲月。已譯出之《E-nu-ma E-lis》已付刊。

前度宿白[⑤]來港，對余藏書甚爲激賞，謂彼多未寓目者，彼到過伊蘭，惟近東史事不及余之爛熟。《比較古文字學》初稿現改名《絲綢之路》，不久殺青，了此心願。月前北京《大百科全書》"中國史學"卷編者來信，言編委會決定立"饒宗頤"專條，已請姜伯勤兄執筆寄去。故人情重，至深感紉。頃商志𩡝[⑥]來電云《文物天地》欲刊載余之行迹，側重古文字學方面，不知兄有暇可寫概略否？望示知。《楚地三種》書簽下函寄上備用。

中大友人季思、守爲校長、其他諸先生請爲問候。此頌

著綏。

宗頤手啓

七月十三

前歲在安陽開會，書籍寄出均未收到。煒湛兄贈所著《甲骨文通論》[⑦]亦寄失。請其再貽一本，彼之古文字書[⑧]收妥，謝謝！

---

① 指鄭剛碩士學位論文《睡虎地秦簡日書疏證導論》，曾憲通指導。

② 周法高《論上古漢語中的繫詞》，《"中研院"歷史語言研究所集刊》第 59 本第 1 分，1988 年。

③ 林劍鳴《曲徑通幽處，高樓望路時：評價當前簡牘〈日書〉研究狀況》（《文博》1988 年第 3 期）對饒、曾合著之《雲夢秦簡日書研究》評價甚高，認爲對相關研究"具有奠基性的作用"。

④ 沛錦，即梁沛錦，時任香港中文大學中文系高級講師。

⑤ 宿白，考古學家，北京大學考古系教授。

⑥ 商志𩡝，考古學家，中山大學考古系教授，商承祚先生公子。

⑦ 指陳煒湛《甲骨文簡論》，上海古籍出版社 1987 年。

⑧ 指陳煒湛、唐鈺明《古文字學綱要》，中山大學出版社 1988 年。

THE CHINESE UNIVERSITY OF HONG KONG 香港中文大學

SHATIN · NT · HONG KONG · TEL.: 609 6000 609 7000　TELEGRAM 電報掛號：SINOVERSITY　TELEX 電訊掛號：50301 CUHK HX　FAX 圖文傳眞：(852) 603 5544　香港新界沙田 · 電話：六〇九六〇〇〇 六〇九七〇〇〇

中國文化研究所
INSTITUTE OF CHINESE STUDIES

電話 TEL. 2609 7394 電話 ~~TEL. 609 7394~~
圖文傳眞 FAX 2603 5149 圖文傳眞 ~~FAX 603 5149~~

憲通兄：前偕趙誠先生來晤，席又蒙前郵示新著，海函之為感。此頌

著祺

宗頤手啟　十月三日

（六九）一九九三年十月二日

憲通兄：

俞偉超館長寄來改正序文稿，兹即郵上，祈交海烈[①]兄爲感。此頌著祺。

宗頤手啓

十月二日

① 陳海烈，時任廣東人民出版社社長。1993 年 4 月曾憲通等開始籌措編纂《饒宗頤文集》，擬交廣東人民出版社出版，後未果。

THE CHINESE UNIVERSITY OF HONG KONG 香港中文大學
SHATIN · NT · HONG KONG · TEL.: 609 6000 609 7000
TELEGRAM 電報掛號：SINOVERSITY
TELEX 電訊掛號：50301 CUHK HX
FAX 圖文傳真：(852) 603 5544
香港新界沙田 · 電話：六〇九六〇〇〇 六〇九七〇〇〇
中國文化研究所
INSTITUTE OF CHINESE STUDIES
電話 TEL. 609 7394
圖文傳真 FAX 603 5149

憲通兄鑒：前約各事簡陳如下：

1. 容老紀念會，趕不及參加，至歉。託建平兄帶上《頤齋文集》一冊手覽。又選堂新星軒之印與頤齋述林之未見。

2. 《華學》之題字奉上。首期費用十萬元，即由楓林道上現款，請校方給回正式收據為禱。

3. 該刊港方論文兒另目，擬刊〔古史比較資料〕、〔學術消息〕二項。蒲德侯是我習楔形文的老師，他的論文由其女兒譯出，附上法文本，請傳人一校。中文所譯兄為潤飾。阿克得文一字請統一之。馬克文甚長，附表多幅。以上兩篇務先趕排，請將校樣寄港，以便交原作者覆校，以免錯誤。待貿兄出奇上

4. 《華學》之版式請設計務為美觀，不要用《中國文化》之格式，又仿通報或哈佛亞洲學報，請與學勤商量。一經確定，以後不得改變。《華學》每年出一期，望明春首期可以面世。

5. 拙文楚繒書勘、包山簡卒歲記，兄謄為（易歲）未得其詳，望訂正之。

6. 中大簡帛計劃，請兄南來一月，信已發出，料不久可收到。此頌

著祺

宗頤　七月廿八日

（七〇）一九九四年七月二十八日

憲通如晤：

兹將各事奉陳如下：

1. 容老紀念會，趕不及參加，至歉！託建華帶上《頌齋文集》一册奉覽，香港翰墨軒亦印《頌齋述林》，未見。

2. 《華學》題字奉上。首期費用十萬元，即由楓林[①]送上現款，請校方給回正式收據，爲禱。

3. 該刊港方論文見另目，擬闢“古史比較資料”、“學術消息”二項。蒲德侯是我習楔形文的老師，他的論文由其女兒譯出，附上法文本（待覓出寄上），請倩人一校。中文盼兄略爲潤飾。阿克得文一名請統一之。馬克文甚長，附表多幅。以上兩篇盼先赴排，請將校樣寄港，以便交原作者覆校，以免錯誤。

4. 《華學》版式請設計稍爲美觀，不要用《中國文化》格式，可仿《通報》或《哈佛亞洲學報》，請與學勤商量。一經確定，以後不得改變。《華學》每年出一期，望明春首期可以面世。

5. 拙文望爲細勘。包山簡𡚸歲，記兄讀爲狄（易）歲，未得其詳，望訂正之。

6. 中大簡帛計劃，請兄南來一月，信已發出，料不久可收到。此頌

著綏。

宗頤啓

七月廿八日

---

① 林楓林，香港潮州商會秘書長。

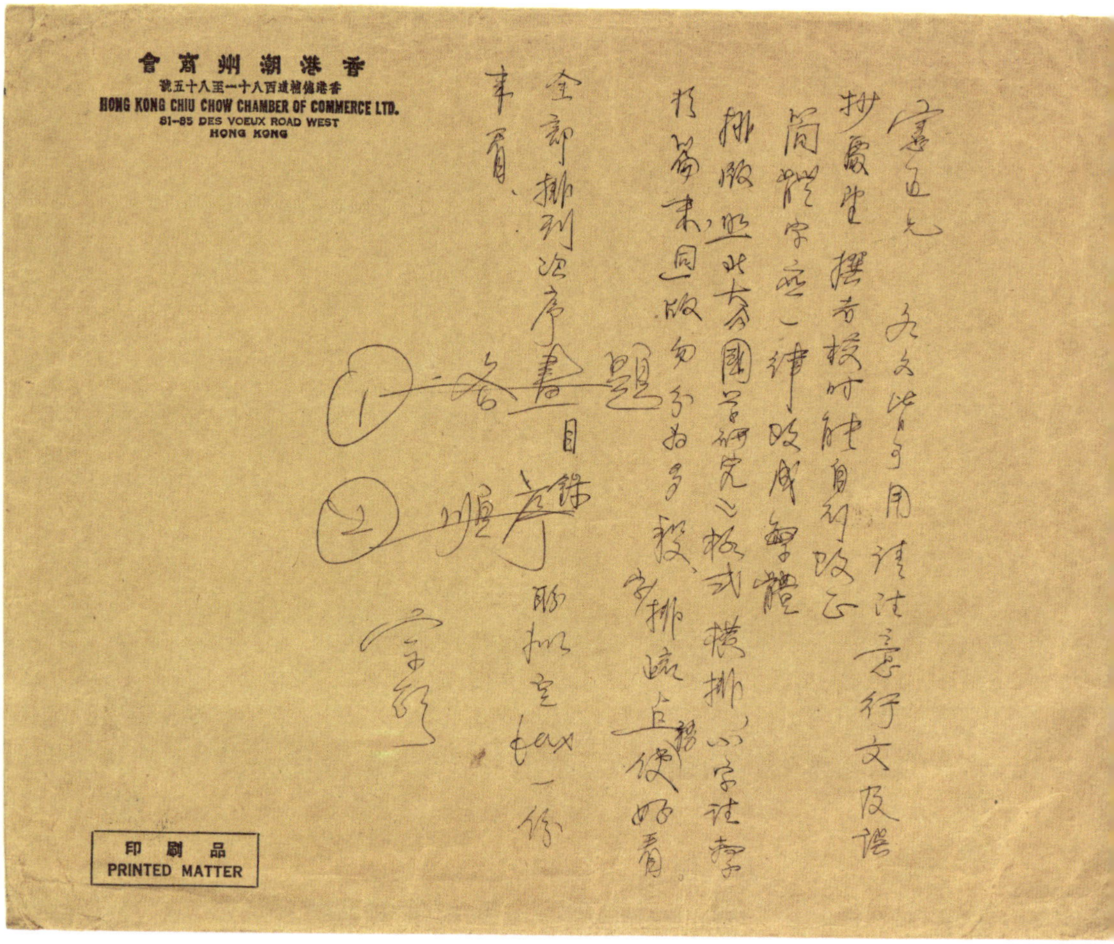

香港潮州商會
香港德輔道西八十一至八十五號
HONG KONG CHIU CHOW CHAMBER OF COMMERCE LTD.
81-85 DES VOEUX ROAD WEST
HONG KONG

憲通兄：

文集可用，請注意行文及譯抄處，望擇青校時能自行改正，簡體字應一律改成繁體。排版照北大國學研究之格式，橫排，小字注釋，將篇末回改分為多段，字排疏點，使好看。

全部排列次序：

① 書題
② 目錄、序

聯機室fax一份來看。

宗頤

印刷品
PRINTED MATTER

（七一）一九九四年[1]

憲通兄：

各文皆可用，請注意行文及誤抄處，望撰者校時能自行改正。簡體字應一律改成繁體。排版照北大《國學研究》格式橫排，小字注繫於篇末，同一版勿分爲多段，字排疏點，務使好看。全部排列次序目録盼擬定fax一份來看。

宗頤

① 此信隨意書於《華學》首期文稿的封套上，落款未寫日期，内容言《華學》首期稿件及版式事，應寫於1994年。

憲通兄：

楚帛書有一條必須改正，即遊字，舊釋逆或達，皆誤。郭店楚簡老子"執者失之"共見兩次，失字皆作遊，又一作遊之若累，遊與得為對文，皆當釋失。帛書"亂遊ㄇ行"，是謂遊終宜從之釋失。上海博物館楚簡亦見遊字，即失。又「絽絀遊襄」句可讀盈絀失讓，郙閣頌云："漢水逆讓"是也。請為補正。

另附上〈枝江鐘跋〉一文，請與前刊於文物之拙作說里者一併補入簡帛文叢中，此跋可作前文之附錄，希審正為荷。頌

時綏

宗頤手泐

（七二）一九九九年八月中旬[①]

憲通兄：

《楚帛書》有一條必須改正，即“遊”字舊釋逆或達皆誤。郭店楚簡《老子》“執者失之”共見兩次，失字皆作[illegible]，又一作“遳之若纍”，遳與得爲對文，皆當釋失。帛書“亂遊丌行”、“是胃遊終”，宜從之釋“失”。上海博物舘楚簡亦見䢁字，即失。

又“緹絀遊襄”句可讀“盈絀失讓”，郙閣頌云“漢水逆讓”是也。請爲補正。

另附上《枝江鐘跋》一文，請與前刊於《文物》之拙作《説重》者一併補入《簡帛文藪》中，此跋可作《重》文之附録，希審正爲荷。此頌

時綏。

宗頤手沏

① 此信未署日期，信及其中提及文章由饒公助手鄭會欣代寄，鄭氏附言署 8 月 17 日，郵戳爲 1999 年 8 月 18 日。

憲通兄：

拙集重新出版後擬命名為〝二十世紀學術文集〞，面目均為之一新，略述緣起如下，未知當否，請酌。

未收新著除《文化之旅》、《西南文化創世紀》一書之外，請增入〝郭店楚簡一號〞等篇於簡帛學之前，其他有改訂及新增之論文，候明年兩月內陸續一一影出補上，以竟全功。

此事得兄鼎力相助，望能在今年出世，作為（古文獻）廿世紀學術之小結。

劉、陳二兄事已交中心辦理，並必已有邀請函掛號。

伯勤兄新著序文並希中懇代為致意。

一切由偉雄面陳，此問

著綏

宗頤手上

另關拙中之訓詁字，擬附入尊著論楚帛書一文，請影出插入，又及

（七三）二〇〇三年十月

憲通如晤：

拙集重新安排後，擬命名爲《……廿世紀學術文集》，面目將爲之一新，略誌緣起數語，未知當否，請酌。

未刊之新著除《三星堆西南文化創世紀》一書之外，將增入"郭店楚簡一覎"數篇於簡帛學之前，其他有改訂及新增之論文，候舊年底歸港後一一影出補上，以竟全功。

此書得兄鼎力相助，望能在本年出世，作爲古文獻廿世紀學術之小結。

劉、陳二兄事已交中心辦理，想必已有邀請函抵穗。

伯勤兄新著序在著手中，懇代爲致意。

一切由偉雄面陳。此頌

著綏。

宗頤白

《在開拓中之訓詁學》，擬附入尊著論楚易卦一文，請影出增入，又及。

附《文集》後記（曾憲通抄録）

《饒宗頤二十世紀學術文集》之構思，肇始於上世紀九十年代初，當時得廖烈智先生巨資勷助，工作得以進行，又得曾憲通教授延攬粤中及中外文史名宿，主持編審文稿，經多次集會商討，聯絡出版事宜，濃情渥誼，殊深銘感。惜種種原因，未能成事。至二千禧年底，余在臺北“中研院”主講，與新文豐出版社高本釗董事長言及此事，蒙其一諾，由新文豐出版社擔承付梓。因重訂文稿，釐爲十四卷，都二十册。更得港臺兩地學術界人士，與乎文史哲藝術諸專家學者，負責擔任編校工作，迄今有成。因記［平］朋儕愛護鼓勵熱情及相助之經過始末，聊以表我謝忱。

選堂記。香港大學饒宗頤學術館，二〇〇三年十月。

編後記

本書在編輯的過程中，蒙中山大學中文系教授陳斯鵬學棣鼎力相助，包括對饒公書簡的録入、排序和注釋，做了大量的工作，謹此申謝！

己亥清明前 曾憲通